COLLECTION POÉSIE

PAUL CELAN

# Choix de poèmes

## réunis par l'auteur

augmenté d'un dossier inédit
de traductions revues par Paul Celan

*Traduction et présentation*
*de Jean-Pierre Lefebvre*

ÉDITION BILINGUE

nrf

GALLIMARD

# PRÉFACE

*Comme Henri Heine, à qui plus d'une connivence le liait intimement depuis l'enfance, Paul Celan, poète juif germanophone, né loin d'Allemagne, peu après la chute de l'Empire austro-hongrois, entre l'Ukraine, la Pologne, la Tchécoslovaquie, la Hongrie et la Roumanie, a passé près de la moitié de sa vie en France, à Paris, après que les retournements de l'histoire l'eurent affublé de quatre nationalités successives. Il n'a pour ainsi dire jamais vécu dans les « patries » de sa langue maternelle. L'Allemagne est restée une terre de brèves visites, Vienne, un séjour abandonné, sinon fui. S'il « chante encore » après Auschwitz*[1], *c'est sous un nom quasi francisé et, pour l'essentiel, depuis les rives de la Seine, qui furent sa dernière escorte d'hommes et de choses, une nuit d'avril 1970, deux semaines après une ultime lecture de ses poèmes devant les auditeurs dubitatifs de la société Hölderlin, à Stuttgart. Mais c'est en allemand, dans l'idiome*

1. En 1955, Theodor W. Adorno a publié dans le recueil *Prismes* un essai intitulé *Kulturkritik und Gesellschaft*, d'abord paru dans une revue de sociologie en 1951. On y trouve la formule célèbre : « Écrire un poème après Auschwitz est barbare… », bientôt réduite à l'emblème du « poème après Auschwitz ». Devant l'usage qui était fait de cette formule, Adorno a timidement commencé à corriger cette espèce de thèse en 1962. Dans l'intervalle étaient parus le volume *Grille de parole* de Paul Celan, ainsi que les textes en prose *Le Méridien* et le *Dialogue dans la montagne*.

*natal et fatal, maternel et criminel, de ceux qui avaient assassiné sa famille et détruit à jamais sa propre existence, autant que dans l'élément austro-hongrois d'une langue rescapée du « monde d'hier », exceptionnellement pure, qu'il prononçait avec une intensité discrète, proche de la douleur. C'est dans cette langue aussi qu'il a traduit la poésie des autres : Shakespeare, Ungaretti, Mandelstam, Henri Michaux... Et c'est cette langue elle-même que sa poésie continue de fouiller aujourd'hui obstinément comme un ciel infini, si obstinément qu'elle en paraît — chez les poètes du moins — changée pour longtemps. On dit que Paul Celan est le plus grand poète de langue allemande depuis Rilke et cette renommée semble devoir durer.*

*Les tragédies ne semblaient pas inscrites comme un avenir dans les premiers jours de sa vie. Fils unique d'un négociant en bois de chauffage qui avait fait des études d'architecture et jouissait d'une modeste aisance, Celan, qui s'appelait alors Paul Antschel, connut, malgré la rigueur de son éducation*[1]*, une jeunesse relativement heureuse à Czernowitz, avec des amis et des amies, des promenades, des baignades dans les rivières, de longues discussions, des lectures, des rêves, des amours. Cette époque de sa vie en Bucovine*[2] *(ou* Buchenland, *« pays des hêtres ») s'achève une*

1. Il ne semble pas cependant que la petite enfance ait été idyllique... Israel Chalfen rapporte, dans sa biographie de la jeunesse de Celan, qu'il fut d'abord envoyé dans une école enfantine qui accueillait surtout les enfants juifs de familles bourgeoises et où l'on parlait allemand (l'école Meisler). Trois ans avant le lycée, contre son gré, il fut envoyé dans une école hébraïque (« Ssafa-Iwrija »), moins coûteuse, dont Paul Celan gardait un mauvais souvenir. L'hébreu devint ainsi la langue de la décision du père, par opposition à l'allemand parlé dans la famille. Dans le même temps le roumain était devenu la langue officielle, et il fallut aussi l'apprendre...

2. Sur cet univers, voir les souvenirs de Rose Ausländer, poète allemand de Czernowitz, in : Rose Ausländer, *Materialien zu Leben und Werk*, éd. par Helmut Braun, Francfort-sur-le-Main, 1991.

*première fois en juin 1938 avec le baccalauréat roumain, qui était reconnu en France, et connaît son véritable épilogue en 1939-1940, à la croisée des chemins de l'histoire européenne : comme beaucoup d'étudiants juifs d'Europe centrale, auxquels les facultés de médecine locales étaient fermées, il part alors étudier la médecine à Paris. En chemin, lorsqu'il fait escale à Berlin, c'est déjà le lendemain de la Nuit de Cristal (7 novembre 1938) : dans les rues, on ramasse le verre cassé par les brutes. L'Europe de la Paix de Munich est virtuellement en guerre. À Paris, qui n'est déjà plus tout à fait la capitale de l'hospitalité, on enjoint aux étudiants juifs d'Europe centrale (parmi lesquels son ami de Czernowitz, Manuel Singer) d'aller s'inscrire à l'école de médecine de Tours. Celan y demeure un an, dans une solitude et un dénuement parfois douloureux. Il y aurait rencontré des trotskistes et des républicains espagnols réfugiés. En juin 1939, il réussit le PCB*[1] *; puis regagne la Bucovine pour les vacances de l'été. La guerre le contraint à rester en Roumanie, où il commence des études de romanistique. C'est du moins son projet. En juin 1940 les Soviétiques pren-*

1. Initiales de Physique-Chimie-Biologie, longtemps équivalent de la première année de médecine. Interrogé en physique sur l'osmose et sur les champs magnétiques des courants, l'épreuve de travaux pratiques portant sur la balance hydrostatique. Chimie : interrogation sur les sels métalliques, l'aniline et la quinine. T.P. : analyse d'un mélange de sels et dosage. Biologie animale : multiplication asexuée. Cestodes. T.P. : l'appareil digestif de la grenouille, parasites du rectum, muscles striés, nerf sciatique. Biologie végétale : les découvertes de Pasteur. Virulence, toxicité des microbes. T.P. : feuille de laurier-rose. Avoine. Il y avait devant l'école de médecine de Tours un jardin botanique où les étudiants pouvaient « herboriser » et se préparer à l'examen. Sur les cinquante et un étudiants de première année, il y avait quinze étudiants juifs d'Europe centrale (Roumanie, Pologne, Russie, Autriche). Quelques semaines avant sa mort, Celan avait eu le projet de se rendre à Tours, où il n'était jamais revenu, en compagnie d'Yves Bonnefoy, qui y avait fait ses études secondaires.

*nent possession du nord de la Bucovine. Le 28, ils occupent Czernowitz. L'université passe peu après sous régime soviéto-ukrainien. Il étudie le russe, commence à traduire Iessenine. En juin 1941, le pacte germano-soviétique est rompu. L'alliance fasciste roumano-allemande prend le pouvoir. Les Soviétiques s'en vont, après avoir déporté en Sibérie près de quatre mille habitants de Czernowitz, dont les trois quarts de juifs, considérés comme asociaux ou politiquement dangereux. Les exactions antisémites systématiques, puis les déportations commencent. Le 7 juillet, la synagogue est incendiée. Le 11 octobre, un ghetto est instauré, le premier dans l'histoire de toute la région. Celan reste à Czernowitz, se cache, sans parvenir à convaincre ses parents d'en faire autant, puis, quand l'étau se desserre, fin 1942, est enrôlé pour le travail forcé dans un bataillon de cantonniers à Tabaresti, en Valachie, à 400 km au sud de Czernowitz. Il y restera jusqu'au début de 1944. Années terribles : en juin 1942 ses parents avaient été déportés (« placés »), d'abord dans le sud, puis à Michailovka en Ukraine. Sa mère, selon certains témoignages, est exécutée d'une balle dans la nuque. Elle lui avait annoncé à l'automne 1942 la mort de son père, des suites du typhus. L'une des façons de résister, de survivre : écrire. Un verbe va subsister avec toute la force du refus de l'humiliation :* stehen, *être debout, persister. Un autre va se charger du poids dominant d'un sens :* schaufeln, *manier la pelle. Creuser des fosses : écrire. Remplir des pages, écrire : creuser, vider. Sa poétique se fonde là : donner le sens à la parole (en allemand : l'éclairer), c'est creuser son néant, « donner son ombre ». Ses premiers poèmes (1938-1944, publiés en 1985) font apparaître, comme ceux des nombreux poètes de Bucovine, l'influence de Rilke, Trakl, Hölderlin, George, Else Lasker-Schüler. Mais dans un type de recomposition original qui constitue déjà un affranchissement et anticipe la rencontre avec la poésie surréaliste française. La culture hassidique et biblique de son enfance s'y déploie très librement.*

*En février 1944, Paul Antschel revient à Czernowitz. Deux mois plus tard, les Soviétiques sont de nouveau dans la ville. Pour échapper à l'enrôlement forcé des juifs dans des bataillons polonais opérant en Galicie, il s'engage comme aide sanitaire dans une clinique psychiatrique, puis, à l'automne, reprend les études interrompues, se consacrant désormais à l'anglais.*

*En avril 1945, Paul Antschel obtient des Soviétiques l'autorisation de venir travailler comme lecteur chez un éditeur de Bucarest, spécialisé dans la littérature russe. Il restera peut-être de cette période un rapport méticuleux, quasi professionnel, aux manuscrits et dactylogrammes, une graphie très lisible des corrections, le souci de la conservation et de l'exactitude. Il y fait la connaissance d'Alfred Margul-Sperber, longtemps son ami et protecteur : on rapporte que c'est la femme de celui-ci qui aurait proposé à Paul Antschel un nom d'auteur à la mesure des projets littéraires du jeune Paul : Celan, anagramme de la graphie roumanisée « Ancel » dans laquelle il avait déjà signé plusieurs traductions du russe (dont Lermontov,* Un héros de notre temps*). Bucarest est une grande ville, une capitale, le « Paris de l'Est », la patrie des surréalistes de la première heure, Tzara, Ionesco, Brancusi, Cioran, Voronca : l'horizon s'élargit. En 1947, il signe « Paul Celan » plusieurs poèmes publiés dans la revue* Agora. *On a dit de ces années qu'elles étaient sa période surréaliste. De fait, il pervertit les formes, pratique une écriture de plus en plus paratactique, associative. Mais cette désintégration a un horizon historique et personnel — celui des camps de la mort : parmi les premiers poèmes publiés, une traduction en allemand,* Todesfuge, *du* Tango de mort *d'abord paru en roumain dans une traduction de Petre Solomon.* Fugue *dit mieux que* Tango *ce qu'il est.*

*Fin décembre 1947, grâce à la complicité de passeurs hongrois, il quitte « clandestinement » la Roumanie, en voie de bolchévisation accélérée, pour Vienne, sans doute avec le projet d'y rester quelque temps. Mais cet espace mythique, la capitale rêvée dont Orson Welles, ange de la mort et de la corruption, arpente pour nous, dans* Le Troisième Homme, *les nuits et les égouts, le déçoit, pis, le révulse. Le fascisme, l'antisémitisme rôdent encore dans la ville meurtrie par la guerre. Il y rencontre une jeune étudiante de philosophie, qui prépare une thèse sur Heidegger et commence à écrire des textes de prose : Ingeborg Bachmann. Leur liaison, épisodique, fut interrompue par le départ en France. Elle se renouera en 1950 et 1957 et s'achèvera en 1959. Mais Vienne, où il venait pour être poète, est aussi le lieu d'une espèce d'acte manqué. Au début de 1948 paraît dans le n° 6 de la revue* Plan *un recueil de dix-sept poèmes en langue allemande, sous le titre* Der Sand aus den Urnen *(*Le Sable des urnes*). Ces poèmes furent repris en septembre, avec d'autres, dans un volume autonome publié sous ce même titre chez un éditeur viennois, A. Sexl. Mais Celan avait quitté la capitale avant la fin de l'impression. En juin il était à Innsbruck, déposait des fleurs sur la tombe de Trakl et rendait visite à l'ami des poètes Ludwig von Ficker, fondateur-éditeur de la revue* Der Brenner. *Depuis Paris, au vu des nombreuses coquilles qui altéraient gravement son texte, il interdira la diffusion du volume publié. Quatre ans plus tard, en 1952, quand paraissent enfin en Allemagne, dans une composition acceptable, comme premier cycle de l'ensemble* Mohn und Gedächtnis *(*Pavot et mémoire*), les poèmes qui devaient être publiés à Vienne, il en avait retiré les textes antérieurs à 1945. Vienne était encore la ville où l'écrivain Ruth Klüger*[1]*, qui y aurait eu alors seize ans, si on ne l'avait pas emmenée à Auschwitz, venait de passer son enfance comme dans un territoire ennemi et mal connu : « On ne faisait*

1. Ruth Klüger, *Refus de témoigner*, traduit par Jeanne Etoré, Éditions Viviane Hamy, Paris, 1997.

pas de promenades avec l'étoile jaune, et avant même l'étoile jaune, toutes sortes de choses étaient fermées, inaccessibles… Vienne est la ville dont je ne suis pas parvenue à m'échapper. » Celan s'échappe de Vienne le 5 juillet 1948. Il ne connaîtra plus qu'une ville : Paris.

Paris, pourtant, le port enfin atteint, la zone franche encore animée des soubresauts de la Libération, déjà déchirée par la guerre froide, ne fut jamais pour lui capitale de la lumière. Les premiers temps furent durs et solitaires : Celan vécut chichement de cours de langue et de traductions (dont un drame de Cocteau, six poèmes d'Apollinaire) et de travaux divers. Peu après son arrivée, il entra en relation avec le poète Yvan Goll (1891-1950), qui lui confia entre autres tâches la traduction en allemand de ses derniers recueils de poésie française. Dès cette époque, les rapports avec Claire Goll, l'épouse, furent tendus. Ils devaient dégénérer en conflit ouvert, puis se figer cruellement dans la campagne de diffamation lancée par Claire Goll dès 1953. Parallèlement, Celan passe la licence d'allemand et demeure inscrit à la Sorbonne jusqu'en 1953. Il a passé trente ans. Ses camarades d'études se souviennent d'un étudiant particulièrement « brillant ». Il semble qu'il ait envisagé de rédiger un Diplôme d'Études Supérieures sur Kafka, puis y ait renoncé à la suite de désaccords avec le directeur du mémoire (sans doute Maurice Boucher, le traducteur de George).

En décembre 1952, le mois même où paraît à Stuttgart *Mohn und Gedächtnis*, premier recueil publié en Allemagne, il épouse l'artiste peintre Gisèle de Lestrange. Sa vie est dès lors, en apparence, mieux connue, remplie de poésie, de travail, de lectures, de traductions, de rencontres. En 1955 paraît un deuxième recueil important, *Von Schwelle zu Schwelle (De seuil en seuil)*, où s'observe une évolution très significative vers les caractéristiques des recueils ultérieurs, sans marquer cependant de ruptures ou d'inflexions franches comme le feront ces derniers,

Sprachgitter *(*Grille de parole*, 1959) et* Die Niemandsrose *(*La Rose de personne*, 1963), dédié à Mandelstam, puis* Atemwende *(*Renverse du souffle*, 1967) et* Fadensonnen (Soleils-filaments*, 1968) : renoncement aux schémas métriques classiques, raccourcissement des poèmes, réduction des énoncés, dureté des sonorités, rémanence des mots composés hétérogènes ou hétérotopiques, rigueur et complexification croissantes de la construction, centrage sur la langue elle-même. Le poème s'enténèbre, et les manuscrits — tous conservés aujourd'hui au* Literaturarchiv *de Marbach, et, pour un certain nombre d'œuvres, édités — révèlent le caractère délibéré de ce processus. Celan supprime les identifiants « primaires », images, références culturelles, toponymes, etc., c'est-à-dire tout ce qui en apparence facilite, accélère la lecture du texte et en programme l'oubli ou l'altération. L'œuvre est en même temps la construction délibérée d'un éthos du temps dépensé, du travail : elle n'a de sens que dans la communauté de l'effort et le démontre en se complétant du travail sur le travail d'autrui. Parallèlement à l'écriture de ses propres textes, que les prix littéraires commencent à honorer et faire connaître, il continue en effet de traduire, principalement de la poésie :* Le Bateau ivre *(1958), et* La Jeune Parque *(1960), les poètes russes Alexandre Blok, Mandelstam, Iessenine, mais aussi Supervielle, Char, Michaux, Shakespeare, Ungaretti, etc. Deux textes en prose importants paraissent à la même époque : le* Dialogue dans la montagne *(1959) et* Le Méridien *(texte de la conférence prononcée à l'occasion de la remise du prix Büchner, le 22 octobre 1960). À partir de 1959, il est nommé lecteur d'allemand à l'École normale supérieure, poste dans lequel il sera renouvelé jusqu'à sa mort, en avril 1970. La fin des années 1950 et les années 1960 furent cependant difficiles : Celan fut en particulier très affecté par la campagne de diffamation publique lancée en 1960 par Claire Goll, qui l'accusait d'avoir, dans* Mohn und Gedächtnis*, pillé* *les inventions poétiques de son mari Yvan Goll. Il souffrit du peu de soutien reçu dans la communauté des gens de lettres et traversa plusieurs périodes de dépression grave, en particulier au début de 1967, sans cesser pour autant de se rendre en Allemagne ou en Suisse pour faire des lectures de ses poèmes et de ses traductions, comme s'il s'agissait d'une mission, d'un combat. De même, il suivit de très près les événements de mai 1968, passant des jours et des nuits à observer l'agitation générale, collectionnant les tracts, chantant, rechantant les vieux airs de la Révolution d'octobre. Mais très vite il adopta une attitude critique à l'égard du mouvement et de ses diverses dérives. La même année, il entra au comité de rédaction de la revue de poésie* L'Éphémère. À *l'automne 1969, il se rendit en Israël et fit une lecture devant l'Association des Écrivains Israéliens. Ce voyage eut une importance considérable. Au retour, il déménage, s'installe avenue Émile Zola, sa dernière adresse. En mars 1970, enfin, il se rendit à Stuttgart pour une lecture devant un parterre dubitatif et froid de membres de la Société Hölderlin. Avant de rentrer à Paris il fit une autre lecture à Fribourg pour un petit cercle d'auditeurs privé, parmi lesquels se trouvait Heidegger, dont il avait toujours lu les travaux avec un intense intérêt*[1] *et espérait*

1. Dès le début des années 1950, Celan a « travaillé » sur Heidegger : en février-mars 1952, il lit *Être et temps*, en juillet-août *Chemins qui ne mènent nulle part* (en particulier le chapitre *Wozu Dichter ?* [À quoi bon des poètes ?]), en septembre 1954, l'*Introduction à la métaphysique*. Le recueil de poèmes *De seuil en seuil*, mais aussi le discours de réception du prix Büchner, *Le Méridien*, sont visiblement influencés par ces lectures et ce travail. De même, les relations avec René Char ne sont pas étrangères à cet intérêt pour le moins paradoxal, dès lors que l'engagement national-socialiste de Heidegger au début des années 1930 était — en Allemagne du moins — une chose bien connue de tous. Le 25 juillet 1967, le lendemain de la lecture à Fribourg-en-Brisgau à laquelle assistait Heidegger le professeur Gerhart Neumann conduisit Celan en voiture jusqu'à la « cabane » de Heidegger, au-dessus de Todtnauberg, en Forêt-Noire. Celan dit alors au philosophe des choses

*qu'il s'expliquerait sur son passé nazi. Puis, en avril 1970, il disparut. Gisèle Celan crut un moment qu'il était — enfin — parti pour Prague rejoindre Franz Wurm, son « frère » d'exil cadet et dernier correspondant. Mais la fugue n'était plus de cette vie. Son corps fut repêché le 1er mai 1970 dans la Seine, en aval de Paris. Il semble qu'il se soit jeté du pont Mirabeau, le plus proche de son dernier domicile, avenue Émile-Zola. Trois recueils de poèmes déjà prêts furent publiés au cours des années suivantes :* Lichtzwang *(*Contrainte de lumière, *1970),* Schneepart *(*Partie de neige, *1971) et* Zeitgehöft *(*Enclos du temps, *1976). En 1997, enfin, sont parus les poèmes du fonds dit posthume, non intégrés, pour des raisons diverses, parfois, sans doute, à cause de leur caractère trop personnel ou violent, dans des recueils composés. Paris, le plus long séjour continu de sa vie, ne fut jamais pour Celan l'exil hédonique chanté cent ans plus tôt par l'heureux proscrit Henri Heine : il y a connu les siens, travaillé, vécu, écrit, mais aussi beaucoup souffert.*

*L'anthologie ici reproduite et traduite a été composée par Paul Celan en 1967 et publiée en 1968 à Francfort aux éditions Suhrkamp*[1]. *Elle ne va pas au-delà du dernier recueil paru avant cette date,* Atemwende, *et peut d'une certaine manière être lue à partir de ce « tournement du souffle », en ce*

---

« dures », sans concessions, que Neumann qualifie d'« historiques » (*epochal*) à propos du nazisme, dans l'espoir que Heidegger prendrait la plume. Cet espoir devait être déçu. Le 1er août suivant, Celan écrivait à Francfort le poème *Todtnauberg*, dans lequel il évoque l'espoir de cette réponse de Heidegger à sa question, consigné par lui dans le « livre d'hôtes » du philosophe.

1. Le fait même d'être publié chez Suhrkamp, dans une édition de poche, manifeste la volonté d'un nouveau départ. Il semble que Celan ait prévu de réaliser dans la même collection une seconde anthologie après celle-ci.

*qu'il manifeste la décision d'un retournement : l'enchaînement des poèmes choisis, avec ses effets de fugue, constitue une démarche d'écriture qui fait du « volume orange » une sorte de poème rétrospectif pour soi, au point qu'on serait tenté de lire la table des matières, la liste des incipit, comme une trame de syntaxe. On veillera du reste à bien considérer cette couleur voulue*[1] *: elle n'a aucune place, apparemment, dans la symbolique des couleurs de la tradition et de la mystique juives telles que Gershom Scholem l'expose*[2]*, à moins qu'elle y ait précisément la place de l'absence, comme mélange de rouge et de jaune, antagonique du bleu des rites (que Celan aimait par ailleurs), ou succédané non mystique, impur, de l'or supérieur : couleur positive de la vie, qui n'est pas le jaune de l'étoile imposée avant le meurtre, ni le rouge du sang des blessures. Mais on fera résonner dans cet orange ami de la « langue grise » les derniers mots du dernier poème choisi*[3]*, lui-même échancré de feu à l'initiale : au cœur de la faille brûlante résonnent les appels répétant la question des questions : qui est là ? Ils tirent la boucle infinie, « malgré » tout ce qui pourrait décourager de ce labeur, la boucle qui demeure malgré tout navigable pour le bateau ivre du poème réponse à cette question, que ne tirent plus les haleurs de sens*

1. Voir la lettre de Paul Celan à Unseld, directeur des éditions Suhrkamp, le 6 décembre 1967. Celan y émet le vœu que cette couverture soit « orange, sinon, bleu clair, vert clair ou rouge clair ». Le contenu de l'anthologie avait fait l'objet d'une discussion avec Beda Allemann, lui-même ancien lecteur d'allemand à l'E.N.S. et auteur de la postface. L'intégration au volume de deux textes de prose (*Le Méridien* et le Discours de réception du prix de la ville de Brême) est due, en revanche, à une initiative de l'éditeur Unseld (voir la lettre de Paul Celan à Beda Allemann, le 28 mars 1968).

2. Gershom Scholem, « La symbolique des couleurs dans la tradition et la mystique juives », traduction de Maurice Hayoun, in *Diogène*, n° 108, octobre-décembre 1979.

3. *Der mit Himmeln geheizte*, voir p. 280.

*métaphysique, ni les toueurs de la philologie. La boucle infinie commence par un poème d'amour (*Marianne*) qui déjà pose la question (qui est là ?) et la question de la question (la poésie des mots sonores) en mimant le Cantique des cantiques.*

*Le champ couvert par ce choix de poèmes*[1] *cadastre une époque, dont les repères sont marqués par la date de parution des recueils (en ce qu'ils étaient eux-mêmes déjà des choix organisés à un moment déterminé) plutôt que par la ligne floue et continue des genèses successives. Soit la période 1947-1967. Les vingt années d'une sorte de reprise de la vie : celles des naissances, des renaissances, qui vont de* Pavot et mémoire *à* Renverse du souffle. *Honorées par des prix, scandées par les lectures publiques en Allemagne, dont l'importance pour Celan est considérable. Il ne s'agissait pas, en l'espèce, de corvées publicitaires lucratives : mais du péril de la reconnaissance. Chacune de ces lectures*[2] *était l'occasion d'une préparation « anthologique », adaptée au public, au lieu, à la date : la cristallisation unique d'un ensemble, le passage d'un méridien. L'exercice n'allait pas de soi et comportait des risques en ce qu'il impliquait — face à des auditeurs nourris de traditions et références allemandes — d'extraire les poèmes de leur agencement réfléchi, et d'abolir les effets de reprise : d'en potentialiser l'hermétisme. Or, si la poésie de Celan s'autorise dans le poème individuel une certaine résistance à la compréhension immédiate, c'est dans le cadre d'une convention supérieure avec le lecteur, invité à lire et relire (à « travailler », à être « travaillé » par) la totalité des cycles, à percevoir les articulations, à reconnaître dans leurs retours les périphéries sémantiques de certains mots, à s'initier*

1. Qui n'était pas à proprement parler la première anthologie : un premier choix de poèmes était déjà paru chez S. Fischer en 1962, dans une édition annotée destinée aux lycéens, réalisée par Klaus Wagenbach avec la collaboration de Paul Celan.

2. Il en existe des enregistrements disponibles dans le commerce.

*aux prosodies et aux syntaxes : à se familiariser avec toutes les « négations » celaniennes. « Comprendre » ici est toujours à prendre au sens de capter dans un dialogue avec l'auteur le sens qu'il a donné à sa parole en n'oubliant pas de lui donner aussi son ombre ; c'est-à-dire de cheminer avec lui, de l'accompagner dans ce que Kafka nomme « une expédition vers le vrai », avec suffisamment de confiance pour que les paradoxes rencontrés ne soient pas des moments de flottement stagnant du sens, mais autant d'aventures du souci de la précision. Comprendre, c'est donc se départir de l'habitude, accepter que l'intuition et la représentation, bref, les images, aient le souffle coupé par la parole sobre, sans arabesques et cependant ouverte sur tous ses horizons, que la poésie ne soit pas d'expression, mais de recherche : entrer dans le travail d'apparentement du cosmos verbal au cosmos naturel, être soi-même, comme le poème, le « fil tendu entre l'étoile et la houle des mots en voyage », accepter certains retours dans la tradition de cet effort, les mystiques, le hassidisme, la kabbale, comme autant de voies utiles aux passages si terrestres, si immatériels, des méridiens. Ce contrat de voyage est respecté dans l'anthologie orange qui, du coup, loin de proposer un minimum suffisant, exhibe au contraire — positivement — la nécessité de s'*informer*, au sens fort du verbe, du tout.*

*Très tôt en effet la poésie de Celan s'est affranchie de la seule ambition d'ajouter à la culture du temps un mode original, une mode originale, un objet de considération. Avant même qu'il soit formulé, elle répond à la provocation de l'interdit d'Adorno, en développant une poésie qui n'est pas celle de l'après-Auschwitz, mais qui est « d'après Auschwitz », d'après les camps, d'après l'assassinat de la mère, d'après les chambres à gaz, au sens où d'après veut également dire « en fonction de… ». Beaucoup des mots simples du musée universel de la poésie y sont repris, œil, main, cœur, pierre, étoile, ciel, terre, mer, nuage, cheveux, arbre, etc., en compagnie de termes plus complexes des arts, sciences et techniques, et des mots de passe, des formules plus complexes encore, forgées pour le poème : mais aucune image qui en surgirait n'échappe au fil tiré du voile de mémoire et de pensée que le juif (le poète) a derrière les yeux et qui se mêle aussitôt à celle-ci. Aucune image ne peut faire écran, masquer Auschwitz. Et c'est sans doute précisément parce que Adorno n'a pas dépassé la représentation iconique (barbare...) de la poésie qu'il peut formuler l'interdit de la sorte, de la même façon qu'il ne peut lire la poésie de Celan (quand il lui arrive d'en parler dans sa* Théorie esthétique*) que comme une reprise tardive, un plagiat en définitive, de l'hermétisme mallarméen ou valéryen. De ce point de vue, la fable de leur rencontre dans le* Dialogue dans la montagne, *qui oppose un moment le juif Klein (Celan) au juif Gross (Adorno)*[1] *est un document majeur de la poétique de Celan. Leur opposition fondamentale, malgré les points de parenté, malgré les efforts (vains au demeurant) de Celan pour obtenir d'Adorno qu'il le soutienne dans l'affaire Goll, peut être pensée comme la grille heuristique de l'écriture même de Celan : « [...] Dieu m'entende lamenter, ils n'ont pas d'yeux. Ou plutôt : ils ont eux aussi des yeux, mais il y a un voile devant, pas devant, non, derrière, un voile mobile ; à peine y rentre une image, elle reste accrochée dans le tissu, et il y a tout de suite un fil qui se tourne là, qui s'enroule autour de l'image, un fin fil de voile ; un fil qui s'enroule autour de l'image et fait un enfant avec elle, moitié image, moitié voile... » Leur débat lui-même n'est pas une discussion « en l'air ». C'est une conversation entre juifs concernés l'un et l'autre (très différemment il est vrai sur le plan personnel) par Auschwitz, mais divergeant sur ce qu'est le langage, l'écriture, la poésie. Et c'est sous l'ombre de cette conversation « d'après » le coucher du soleil, entendons*

1. C'est Paul Celan lui-même qui propose cette identification. Voir Joachim Seng, *Auf den Kreis-Wegen der Dichtung*, p. 261.

aussi, d'après la disparition de bien des choses, et surtout de bien des êtres, que l'on peut reprendre le bilan sobrement dressé par Jean Bollack quant à l'objet esthétique particulier « poésie de Celan » :

« La relation du sujet vivant (ou historique) et du sujet écrivant au langage poétique est au centre du débat sur l'autonomie ou l'obscurité (sur l'hermétisme) d'une poésie qui se crée ses propres conventions par la constante différenciation et la mise en question des langages constitués, poétiques ou ordinaires, les supposant quasiment toujours et ne les reproduisant jamais. Elle marque ainsi, dans son principe, un stade de désacralisation complète de la tradition poétique et implique l'annulation de ses pouvoirs d'intégration.

« La désintégration ne peut pas être récupérée, comme on le fait souvent, dans l'ordre des contenus, au moyen de la théologie négative, comme un signe ou témoignage (par reproduction) de la désintégration ordinaire du langage, en raison de la disparition d'un monde intact et de la destruction des valeurs. Ce serait réintroduire, par la voie d'une nostalgie, l'empire et la primauté d'un ordre constitué, reproduit dans le langage, par rapport auquel la liberté dispose dans l'hermétisme justement d'un organe qui lui permet de prendre toujours les distances critiques[1]. »

Dans l'ombre du dialogue écrit l'année même de la parution de Sprachgitter, de l'altercation quasi franche avec Adorno, il faut alors comprendre que c'est précisément l'hermétisme, la radicale individualité de Celan et donc le risque délibéré de sa solitude qui rendent possible la solidarité personnellement engagée avec les causes humaines universelles qu'assourdissent au contraire, dans leur pseudo-clarté théorique, les évolutions dialectiques de la parole politique abstraite (la parole philoso-

1. « Sur quatre poèmes de Paul Celan. Une lecture à plusieurs », *Revue des Sciences humaines*, n° 223, Lille, 1991, p. 7-8.

*phique d'Adorno par exemple). Tous les voyages en Allemagne effectués pendant ces années sont ainsi autant de passages par la montagne de Lenz, un 20 janvier, de montées d'après le coucher du soleil, dans l'indifférence à la nature indifférente, vers l'existence dialogique de la différence de sa parole singulière, de ses poèmes choisis.*

*En regard de quoi, le désespoir de traduire, non de trahir comme le veut un dicton naïf, mais de réduire par force l'horizon et la profondeur, pourrait devenir absolu. Celan a connu la peine de traduire : elle fut sa propre école d'écriture, puis, plus tard, son seul métier régulièrement rémunéré. Avec ses étudiants de l'École normale, délaissant — après y avoir intensément consacré des heures de préparation — les exercices de littérature sur les auteurs au programme, il n'a pratiquement fait que cela : traduire le plus* exactement *possible des textes difficiles. Ses quelques élèves ont ignoré le plus souvent qu'il était poète, se sont contentés de l'entendre corriger leurs proses malhabiles. Mais à l'entendre lire, à l'écouter traduire, à interroger son refus d'expliquer la littérature, ils pouvaient le deviner. Ils auraient ainsi également perçu le ressort de sa fascinante culture scientifique, philosophique, politique. Une année, la direction de l'École normale lui a demandé de donner des cours de langue allemande aux élèves scientifiques. Peu s'en souviennent, et pourtant, cette corvée adventice pouvait prendre à ses yeux un sens intéressant. Il travaillait à deux pas des grands laboratoires de physique. Son bureau jouxtait celui de mathématiciens célèbres. Il a connu le physicien alsacien Alfred Kastler et le mathématicien Laurent Schwartz, vécu, écrit dans l'épistémé non encore clairement formulée du laser, du rayonnement fossile, de la masse manquante, des trous noirs, des particules nouvelles aux noms si rares — toutes choses aujourd'hui monnayées en petites coupures métaphoriques plus ou moins adéquates. Sa propre culture scientifique ne s'investissait pas dans des démonstrations d'elle-même, mais conservait pour d'autres fins la discrétion brute de la matière physique. Sous le vaste ciel de ce savoir, traduire était, plusieurs fois par semaine, l'occasion de reproduire l'éthique de cette modestie. Il traduisait pour que d'autres apprennent à traduire, travaillait année après année le travail sur et dans la langue. La traduction n'est pas pour Celan une opération de transfert pur et simple, une affaire de passeur qui s'en retourne sur sa rive, mais un « dialogue qui chemine », et dans cette définition elle rejoint sa poésie, qui pourtant y résiste plus terriblement que toute autre poésie de langue allemande. S'il a connu les formes les plus tragiques de la solitude, Celan ne fut jamais un écrivain solitaire. Chaque poème fini, « tombé de lui », est laissé aux autres. Il abhorrait — parce qu'il savait son lien avec l'horreur — la notion de génie intouchable. Il nous invite à le côtoyer, sans tutoiement. C'est dans cet esprit que nous avons joint en annexe au présent recueil quelques documents de sa rencontre avec les lecteurs de langue française, des projets de traductions en français revues par lui, parues ensuite, derrière lesquelles il s'est effacé. Quant aux nôtres, elles usent et abusent du seul procédé dialogique à notre portée, ultime écho de sa parole hebdomadaire dans la pénombre d'un bureau toujours obscur jusqu'à midi : la remarque. Puisse la lèpre des appels de note signaler au lecteur, page après page, que rien de tout cela n'est fini. Mais que, justement…*

Jean-Pierre Lefebvre

# PAVOT ET MÉMOIRE
# *MOHN UND GEDÄCHTNIS*

## *MARIANNE*

*Fliederlos ist dein Haar, dein Antlitz aus Spiegelglas.*
*Von Auge zu Aug zieht die Wolke, wie Sodom nach Babel :*
*wie Blattwerk zerpflückt sie den Turm und tobt um das Schwefelgesträuch.*

*Dann zuckt dir ein Blitz um den Mund — jene Schlucht mit den Resten der Geige.*
*Mit schneeigen Zähnen führt einer den Bogen : O schöner tönte das Schilf !*

*Geliebte, auch du bist das Schilf und wir alle der Regen ;*
*ein Wein ohnegleichen dein Leib, und wir bechern zu zehnt ;*
*ein Kahn im Getreide dein Herz, wir rudern ihn nachtwärts ;*
*ein Krüglein Bläue, so hüpfest du leicht über uns, und wir schlafen...*

*Vorm Zelt zieht die Hundertschaft auf, und wir tragen dich zechend zu Grabe.*
*Nun klingt auf den Fliesen der Welt der harte Taler der Träume.*

## MARIANNE[1]

Ta chevelure est sans lilas, ton beau visage : de miroir.
D'un œil à l'autre œil le nuage passe, comme Sodome vers Babel :
il dépèce tel un feuillage la tour et fait rage autour du buisson de soufre.

Alors te tressaille un éclair sur la bouche — ce gouffre avec les restes du violon.
Quelqu'un, dents de neige, promène l'archet : ô le roseau chantait plus beau !

Toi aussi, aimée, tu es le roseau et nous tous sommes la pluie ;
ton corps est un vin sans pareil, et nous pintons[2] à dix ;
ton cœur est une barque dans le blé, nous, rameurs, la poussons vers la nuit ;
cruchette de bleu, tu sautilles légère au-dessus de nous, et nous, nous dormons…

Devant la tente s'approche la centurie, et nous te portons à la tombe sans cesser de trinquer.
Sur le carrelage du monde résonne maintenant le dur thaler[3] des rêves.

*DIE HAND VOLLER STUNDEN, so kamst du zu mir — ich sprach :*
*Dein Haar ist nicht braun.*
*So hobst du es leicht auf die Waage des Leids, da war es schwerer als ich…*

*Sie kommen auf Schiffen zu dir und laden es auf, sie bieten es feil auf den Märkten der Lust —*
*Du lächelst zu mir aus der Tiefe, ich weine zu dir aus der Schale, die leicht bleibt.*
*Ich weine : Dein Haar ist nicht braun, sie bieten das Wasser der See, und du gibst ihnen Locken…*
*Du flüsterst : Sie füllen die Welt schon mit mir, und ich bleib dir ein Hohlweg im Herzen !*
*Du sagst : Leg das Blattwerk der Jahre zu dir — es ist Zeit, daß du kommst und mich küssest !*

*Das Blattwerk der Jahre ist braun, dein Haar ist es nicht.*

La main pleine d'heures[1], ainsi tu vins à moi — j'ai dit :
tu n'as pas les cheveux bruns.
Alors tu les as soulevés et mis légers sur la balance de la douleur : ils étaient plus lourds que moi...

Ils viennent à toi sur des navires et les y chargent, ils les écoulent sur les marchés du plaisir —
Tu souris vers moi depuis la profondeur, je pleure vers toi depuis le plateau qui demeure léger.
Je pleure : tu n'as pas les cheveux bruns, ils offrent l'eau de la mer, et tu leur donnes des boucles...
Tu chuchotes : ils remplissent le monde rien qu'avec moi et je demeure un chemin creux dans ton cœur !
Tu dis : mets avec toi le feuillage des années — il est temps que tu viennes et m'embrasses !

Le feuillage des années est brun, tes cheveux ne le sont pas.

## *DER SAND AUS DEN URNEN*

*Schimmelgrün ist das Haus des Vergessens.*
*Vor jedem der wehenden Tore blaut dein enthaupteter Spielmann.*
*Er schlägt dir die Trommel aus Moos und bitterem Schamhaar;*
*mit schwärender Zehe malt er im Sand deine Braue.*
*Länger zeichnet er sie als sie war, und das Rot deiner Lippe.*
*Du füllst hier die Urnen und speisest dein Herz.*

## LE SABLE DES URNES[1]

Vert moisi est la maison de l'oubli.
Devant chacune des portes flottant au vent bleuit ton
 trouvère décapité.
Il bat sur ton tambour de mousse et d'amère toison[2] ;
il peint d'un orteil suppurant dans le sable ton sourcil.
Il le trace plus long qu'il n'était, et le rouge de ta lèvre.
Tu remplis les urnes ici et tu nourris ton cœur.

## *DAS GASTMAHL*

*Geleert sei die Nacht aus den Flaschen im hohen Gebälk der*
*Versuchung,*
*die Schwelle mit Zähnen gepflügt, vor Morgen der Jähzorn*
*gesät :*
*es schießt wohl empor uns ein Moos noch, eh von der Mühle sie*
*hier sind,*
*ein leises Getreide zu finden bei uns ihrem langsamen Rad...*

*Unter den giftigen Himmeln sind andere Halme wohl falber,*
*wird anders der Traum noch gemünzt als hier, wo wir würfeln*
*um Lust,*
*als hier, wo getauscht wird im Dunkel Vergessen und Wunder,*
*wo alles nur gilt eine Stunde und schwelgend bespien wird von*
*uns,*
*ins gierige Wasser der Fenster geschleudert in leuchtenden*
*Truhen — :*
*es birst auf der Straße der Menschen, den Wolken zum Ruhm !*

## LE BANQUET[1]

Que la nuit soit vidée des bouteilles dans le haut poutrage de la tentation,
que le seuil soit labouré par des dents, la colère subite semée avant matin :
il nous poussera sans doute une haute mousse encore, avant que du moulin ils soient ici,
viennent trouver chez nous un blé discret pour leur roue lente...

Sous les ciels poisonneux d'autres fétus sont sans doute plus fauves,
et le rêve encore autrement monnayé qu'ici, où nous jouons le plaisir aux dés,
qu'ici où l'on échange dans le noir l'oubli et le miracle,
où tout ne vaut qu'une heure puis est craché par nous avec délice,
lancé en coffres lumineux dans l'eau avide des fenêtres — :
éclate sur la route des hommes, pour la gloire des nuages !

*So hüllet euch denn in die Mäntel und steiget mit mir auf die Tische :*
*wie anders sei noch geschlafen als stehend, inmitten der Kelche ?*
*Wem trinken wir Träume noch zu, als dem langsamen Rad ?*

Dès lors couvrez-vous des manteaux et montez avec moi
sur les tables :
comment irait-on encore dormir autrement que debout,
au milieu des calices ?
à la santé de qui buvons-nous encore des rêves, sinon à la
roue lente ?

## *DUNKLES AUG IM SEPTEMBER*

*Steinhaube Zeit. Und üppiger quellen*
*die Locken des Schmerzes ums Antlitz der Erde,*
*den trunkenen Apfel, gebräunt von dem Hauch*
*eines sündigen Spruches : schön und abhold dem Spiel,*
*das sie treiben im argen*
*Widerschein ihrer Zukunft.*

*Zum zweitenmal blüht die Kastanie :*
*ein Zeichen der ärmlich entbrannten*
*Hoffnung auf Orions*
*baldige Rückkunft : der blinden*
*Freunde des Himmels sternklare Inbrunst*
*ruft ihn herauf.*

*Unverhüllt an den Toren des Traumes*
*streitet ein einsames Aug.*
*Was täglich geschieht,*
*genügt ihm zu wissen :*
*am östlichen Fenster*
*erscheint ihm zur Nachtzeit die schmale*
*Wandergestalt des Gefühls.*

*Ins Naß ihres Auges tauchst du das Schwert.*

## ŒIL SOMBRE DE SEPTEMBRE[1]

Bonnet de pierre temps. Et plus généreuses sourdent
les boucles de la douleur autour du beau visage de la terre,
de la pomme ivre, brunie par l'haleine
d'une sentence pécheresse : belles et répugnant au jeu
qu'elles jouent dans le reflet
mauvais de leur futur.

Le châtaignier fleurit pour la deuxième fois :
signe de l'espoir pauvrement enflammé
d'un prochain retour
d'Orion : la ferveur
claire étoilée[2] des amis aveugles du ciel
le rappelle là-haut.

Près des portes du rêve, non dissimulé,
un œil solitaire se bat.
Il lui suffit de savoir
ce qui se passe chaque jour :
à la fenêtre d'Est
lui apparaît quand il fait nuit l'oblongue
silhouette voyageuse du sentiment.

Dans l'humide de son œil tu plonges l'épée.

## *CHANSON EINER DAME IM SCHATTEN*

*Wenn die Schweigsame kommt und die Tulpen köpft :*
*Wer gewinnt ?*
*Wer verliert ?*
*Wer tritt an das Fenster ?*
*Wer nennt ihren Namen zuerst ?*

*Es ist einer, der trägt mein Haar.*
*Er trägts wie man Tote trägt auf den Händen.*
*Er trägts wie der Himmel mein Haar trug im Jahr, da ich liebte.*
*Er trägt es aus Eitelkeit so.*

*Der gewinnt.*
*Der verliert nicht.*
*Der tritt nicht ans Fenster.*
*Der nennt ihren Namen nicht.*

*Es ist einer, der hat meine Augen.*
*Er hat sie, seit Tore sich schließen.*
*Er trägt sie am Finger wie Ringe.*
*Er trägt sie wie Scherben von Lust und Saphir :*

## CHANSON D'UNE DAME DANS L'OMBRE[1]

Quand la Taciturne vient décapiter les tulipes :
Qui gagne ?
          Qui perd ?
                    Qui va à la fenêtre ?
Qui dit le premier son[2] nom ?

Il y en a un qui porte mes cheveux.
Il les porte comme on porte des morts dans ses bras.
Il les porte comme le ciel portait mes cheveux l'année où
  j'aimais.
Il les porte par vanité de la sorte.

Celui-là gagne.
          Celui-là ne perd pas.
                    Celui-là ne va pas à la fenêtre.
Celui-là ne dit pas son nom.

Il y en a un qui a mes yeux.
Il les a depuis que des portails se ferment.
Il les porte au doigt comme des bagues.
Il les porte comme des brisures de plaisir et de saphir :

*er war schon mein Bruder im Herbst;*
*er zählt schon die Tage und Nächte.*

*Der gewinnt.*
*Der verliert nicht.*
*Der tritt nicht ans Fenster.*
*Der nennt ihren Namen zuletzt.*

*Es ist einer, der hat, was ich sagte.*
*Er trägts unterm Arm wie ein Bündel.*
*Et trägts wie die Uhr ihre schlechteste Stunde.*
*Er trägt es von Schwelle zu Schwelle, er wirft es nicht fort.*

*Der gewinnt nicht.*
*Der verliert.*
*Der tritt an das Fenster.*
*Der nennt ihren Namen zuerst.*

*Der wird mit den Tulpen geköpft.*

il était déjà mon frère à l'automne,
il compte déjà les jours et les nuits.

Celui-là gagne.
                Celui-là ne perd pas
                                Celui-là ne va pas à la fenêtre.
Celui-là dit son nom en dernier.

Il y en a un qui a ce que j'ai dit.
Il le porte sous le bras comme un ballot.
Il le porte comme l'horloge porte sa plus mauvaise heure.
Il le porte de seuil en seuil, il ne le jette pas.

Celui-là ne gagne pas.
                        Celui-là perd.
                                Celui-là va à la fenêtre.
Celui-là nomme le premier son nom.

Celui-là, avec les tulipes, sera décapité.

## *LOB DER FERNE*

*Im Quell deiner Augen*
*leben die Garne der Fischer der Irrsee.*
*Im Quell deiner Augen*
*hält das Meer sein Versprechen.*

*Hier werf ich,*
*ein Herz, das geweilt unter Menschen,*
*die Kleider von mir und den Glanz eines Schwures :*

*Schwärzer im Schwarz, bin ich nackter.*
*Abtrünnig erst bin ich treu.*
*Ich bin du, wenn ich ich bin.*

*Im Quell deiner Augen*
*treib ich und träume von Raub.*

*Ein Garn fing ein Garn ein :*
*wir scheiden umschlungen.*

*Im Quell deiner Augen*
*erwürgt ein Gehenkter den Strang.*

# ÉLOGE DU LOINTAIN[1]

Dans la source de tes yeux
vivent les nasses des pêcheurs de la mer délirante.
Dans la source de tes yeux
la mer tient sa parole.

J'y jette,
cœur qui a séjourné chez des humains,
les vêtements que je portais et l'éclat d'un serment :

Plus noir au fond du noir, je suis plus nu.
Je ne suis, qu'une fois renégat, fidèle.
Je suis toi, quand je suis moi.

Dans la source de tes yeux
je dérive et rêve de pillage.

Une nasse a capturé dans ses mailles une nasse :
nous nous séparons enlacés.

Dans la source de tes yeux
un pendu étrangle la corde.

## *SPÄT UND TIEF*

*Boshaft wie goldene Rede beginnt diese Nacht.*
*Wir essen die Äpfel der Stummen.*
*Wir tuen ein Werk, das man gern seinem Stern überläßt;*
*wir stehen im Herbst unsrer Linden als sinnendes Fahnenrot,*
*als brennende Gäste vom Süden.*
*Wir schwören bei Christus dem Neuen, den Staub zu vermählen dem Staube,*
*die Vögel dem wandernden Schuh,*
*unser Herz einer Stiege im Wasser.*
*Wir schwören der Welt die heiligen Schwüre des Sandes,*
*wir schwören sie gern,*
*wir schwören sie laut von den Dächern des traumlosen Schlafes*
*und schwenken das Weißhaar der Zeit…*

*Sie rufen : Ihr lästert !*

*Wir wissen es längst.*
*Wir wissen es längst, doch was tuts ?*

## TARD ET PROFONDÉMENT[1]

Cette nuit commence méchante comme parole d'or.
Nous mangeons les pommes des muets.
Nous faisons un ouvrage qu'on laisse volontiers à son étoile ;
dans l'automne de nos tilleuls, nous sommes là, pensive garance de drapeaux,
hôtes brûlants du sud.
Nous jurons par Jésus-Christ le Nouveau de marier la poussière à la poussière,
les oiseaux au soulier voyageur,
notre cœur à un escalier dans l'eau.
Nous jurons au monde les serments sacrés du sable,
nous les jurons volontiers,
nous les jurons à voix forte depuis les toits du sommeil sans rêves et brandissons la blanche chevelure du temps...

Ils crient : blasphème !

Il y a longtemps que nous le savons.
Longtemps que nous le savons, et qu'est-ce que ça fait ?

*Ihr mahlt in den Mühlen des Todes das weiße Mehl der Verheißung,*
*ihr setzet es vor unsern Brüdern und Schwestern —*

*Wir schwenken das Weißhaar der Zeit.*

*Ihr mahnt uns : Ihr lästert !*
*Wir wissen es wohl,*
*es komme die Schuld über uns.*
*Es komme die Schuld über uns aller warnenden Zeichen,*
*es komme das gurgelnde Meer,*
*der geharnischte Windstoß der Umkehr,*
*der mitternächtige Tag,*
*es komme, was niemals noch war !*

*Es komme ein Mensch aus dem Grabe.*

Vous broyez fin dans les moulins de la mort la blanche
mouture de la Promesse,
vous la proposez à nos frères et sœurs —

Nous brandissons la blanche chevelure du temps.

Vous nous rappelez à l'ordre : blasphème !
Nous le savons bien,
que la faute vienne sur nous.
Que vienne sur nous la faute de tous les signes de mise
en garde,
que vienne la mer gargouillante,
le coup de vent bardé de hargne[2] du rebroussement[3],
le jour composé de minuit,
que vienne ce qui jamais n'a été.

Que vienne un homme d'une tombe.

## *CORONA*

*Aus der Hand frißt der Herbst mir sein Blatt : wir sind Freunde.*
*Wir schälen die Zeit aus den Nüssen und lehren sie gehn :*
*die Zeit kehrt zurück in die Schale.*

*Im Spiegel ist Sonntag,*
*im Traum wird geschlafen,*
*der Mund redet wahr.*

*Mein Aug steigt hinab zum Geschlecht der Geliebten :*
*wir sehen uns an,*
*wir sagen uns Dunkles,*
*wir lieben einander wie Mohn und Gedächtnis,*
*wir schlafen wie Wein in den Muscheln,*
*wie das Meer im Blutstrahl des Mondes.*

*Wir stehen umschlungen im Fenster, sie sehen uns zu von der Straße :*
*es ist Zeit, daß man weiß !*
*Es ist Zeit, daß der Stein sich zu blühen bequemt,*

## CORONA

L'automne me mange sa feuille dans la main : nous
sommes amis.
Nous délivrons le temps de l'écale des noix et lui apprenons à marcher :
le temps retourne dans l'écale.

Dans le miroir c'est dimanche,
dans le rêve on est endormi,
la bouche parle sans mentir.

Mon œil descend vers le sexe de l'aimée :
nous nous regardons,
nous nous disons de l'obscur,
nous nous aimons comme pavot et mémoire,
nous dormons comme un vin dans les coquillages,
comme la mer dans le rai de sang jailli[1] de la lune.

Nous sommes là enlacés dans la fenêtre, ils nous regardent
depuis la rue :
il est temps que l'on sache !
Il est temps que la pierre se résolve enfin à fleurir,

*daß der Unrast ein Herz schlägt.*
*Es ist Zeit, daß es Zeit wird.*

*Es ist Zeit.*

qu'à l'incessante absence de repos[2] batte un cœur.
Il est temps que le temps advienne.

Il est temps.

## *TODESFUGE*

*Schwarze Milch der Frühe wir trinken sie abends*
*wir trinken sie mittags und morgens wir trinken sie nachts*
*wir trinken und trinken*
*wir schaufeln ein Grab in den Lüften da liegt man nicht eng*
*Ein Mann wohnt im Haus der spielt mit den Schlangen der schreibt*
*der schreibt wenn es dunkelt nach Deutschland dein goldenes Haar Margarete*
*er schreibt es und tritt vor das Haus und es blitzen die Sterne er pfeift seine Rüden herbei*
*er pfeift seine Juden hervor läßt schaufeln ein Grab in der Erde*
*er befiehlt uns spielt auf nun zum Tanz*

*Schwarze Milch der Frühe wir trinken dich nachts*
*wir trinken dich morgens und mittags wir trinken dich abends*
*wir trinken und trinken*
*Ein Mann wohnt im Haus der spielt mit den Schlangen der schreibt*
*der schreibt wenn es dunkelt nach Deutschland dein goldenes Haar Margarete*

## FUGUE DE MORT[1]

Lait noir de l'aube nous le buvons le soir
le buvons à midi et le matin nous le buvons la nuit
nous buvons et buvons
nous creusons[2] dans le ciel une tombe où l'on n'est pas serré
Un homme habite la maison il joue avec les serpents il écrit
il écrit quand il va faire noir en Allemagne Margarete tes cheveux d'or
écrit ces mots s'avance sur le seuil et les étoiles tressaillent il siffle ses grands chiens[3]
il siffle il fait sortir ses juifs et creuser dans la terre une tombe
il nous commande allons jouez pour qu'on danse

Lait noir de l'aube nous te buvons la nuit
te buvons le matin puis à midi nous te buvons le soir
nous buvons et buvons
Un homme habite la maison il joue avec les serpents il écrit
il écrit quand il va faire noir en Allemagne Margarete tes cheveux d'or

*Dein aschenes Haar Sulamith wir schaufeln ein Grab in den Lüften da liegt man nicht eng*

*Er ruft stecht tiefer ins Erdreich ihr einen ihr andern singet und spielt*
*er greift nach dem Eisen im Gurt er schwingts seine Augen sind blau*
*stecht tiefer die Spaten ihr einen ihr andern spielt weiter zum Tanz auf*

*Schwarze Milch der Frühe wir trinken dich nachts*
*wir trinken dich mittags und morgens wir trinken dich abends*
*wir trinken und trinken*
*ein Mann wohnt im Haus dein goldenes Haar Margarete*
*dein aschenes Haar Sulamith er spielt mit den Schlangen*

*Er ruft spielt süßer den Tod der Tod ist ein Meister aus Deutschland*
*er ruft streicht dunkler die Geigen dann steigt ihr als Rauch in die Luft*
*dann habt ihr ein Grab in den Wolken da liegt man nicht eng*

*Schwarze Milch der Frühe wir trinken dich nachts*
*wir trinken dich mittags der Tod ist ein Meister aus Deutschland*
*wir trinken dich abends und morgens wir trinken und trinken*
*der Tod ist ein Meister aus Deutschland sein Auge ist blau*
*er trifft dich mit bleierner Kugel er trifft dich genau*
*ein Mann wohnt im Haus dein goldenes Haar Margarete*
*er hetzt seine Rüden auf uns er schenkt uns ein Grab in der Luft*

Tes cheveux cendre Sulamith nous creusons dans le ciel
une tombe où l'on n'est pas serré

Il crie enfoncez plus vos bêches dans la terre[4] vous autres
et vous chantez jouez
il attrape le fer à sa ceinture il le brandit ses yeux sont
bleus
enfoncez plus les bêches vous autres et vous jouez encore
pour qu'on danse

Lait noir de l'aube nous te buvons la nuit
te buvons à midi et le matin nous te buvons le soir
nous buvons et buvons
un homme habite la maison Margarete tes cheveux d'or
tes cheveux cendre Sulamith il joue avec les serpents

Il crie jouez plus douce la mort la mort est un maître
d'Allemagne
il crie plus sombres les archets et votre fumée montera
vers le ciel
vous aurez une tombe alors dans les nuages où l'on n'est
pas serré

Lait noir de l'aube nous te buvons la nuit
te buvons à midi la mort est un maître d'Allemagne
nous te buvons le soir et le matin nous buvons et buvons
la mort est un maître d'Allemagne son œil est bleu
il t'atteint d'une balle de plomb il ne te manque pas[5]
un homme habite la maison Margarete tes cheveux
d'or
il lance ses grands chiens sur nous il nous offre une
tombe dans le ciel

*er spielt mit den Schlangen und träumet der Tod ist ein Meister aus Deutschland*

*dein goldenes Haar Margarete*
*dein aschenes Haar Sulamith*

il joue avec les serpents et rêve la mort est un maître d'Allemagne

tes cheveux d'or Margarete
tes cheveux cendre Sulamith

## AUF REISEN

*Es ist eine Stunde, die macht dir den Staub zum Gefolge,*
*dein Haus in Paris zur Opferstatt deiner Hände,*
*dein schwarzes Aug zum schwärzesten Auge.*

*Es ist ein Gehöft, da hält ein Gespann für dein Herz.*
*Dein Haar möchte wehn, wenn du fährst — das ist ihm verboten.*
*Die bleiben und winken, wissen es nicht.*

## EN VOYAGE[1]

Il est une heure qui fait de la poussière un cortège à ta
suite,
de ta maison de Paris la table de sacrifice de tes mains,
de ton œil noir l'œil le plus noir qui soit.

Il est une ferme, un attelage s'y arrête pour ton cœur.
Tes cheveux voudraient flotter au vent quand tu roules
— ça leur est interdit.
Ceux qui restent et font signe ne le savent pas.

## *IN ÄGYPTEN*

*Du sollst zum Aug der Fremden sagen : Sei das Wasser.*
*Du sollst, die du im Wasser weißt, im Aug der Fremden suchen.*
*Du sollst sie rufen aus dem Wasser : Ruth ! Noëmi ! Mirjam !*
*Du sollst sie schmücken, wenn du bei der Fremden liegst.*
*Du sollst sie schmücken mit dem Wolkenhaar der Fremden.*
*Du sollst zu Ruth und Mirjam und Noëmi sagen :*
*Seht, ich schlaf bei ihr !*
*Du sollst die Fremde neben dir am schönsten schmücken.*
*Du sollst sie schmücken mit dem Schmerz um Ruth, um Mirjam und Noëmi.*
*Du sollst zur Fremden sagen :*
*Sieh, ich schlief bei diesen !*

## EN ÉGYPTE[1]

Tu diras à l'œil de l'étrangère : sois l'eau.
Tu chercheras dans l'œil de l'étrangère celles que tu sais dans l'eau.
Tu les appelleras : Ruth ! Noémi ! Myriam ! pour qu'elles sortent de l'eau.
Tu les couvriras de parures, quand tu seras couché près de l'étrangère.
Tu les pareras de la chevelure de nuée de l'étrangère.
Tu diras à Ruth et Myriam et Noémi :
Regardez, je couche avec elle !
Tu couvriras des plus belles parures l'étrangère à tes côtés.
Tu l'orneras de la souffrance du souvenir de Ruth, de Myriam et Noémi.
Tu diras à l'étrangère :
Regarde, j'ai couché avec elles !

## *BRANDMAL*

*Wir schliefen nicht mehr, denn wir lagen im Uhrwerk der Schwermut*
*und bogen die Zeiger wie Ruten,*
*und sie schnellten zurück und peitschten die Zeit bis aufs Blut,*
*und du redetest wachsenden Dämmer,*
*und zwölfmal sagte ich du zur Nacht deiner Worte,*
*und sie tat sich auf und blieb offen,*
*und ich legt ihr ein Aug in den Schoß und flocht dir das andre ins Haar*
*und schlang zwischen beide die Zündschnur, die offene Ader —*
*und ein junger Blitz schwamm heran.*

## BRÛLURE[1]

Nous ne dormions plus car nous gisions dans les rouages
de l'horloge mélancolie
et courbions les aiguilles comme des verges,
et elles se sont détendues d'un coup et ont fouetté le
temps jusqu'au sang
et tu racontais une pénombre[2] qui grandissait,
et douze fois j'ai dit tu à la nuit de tes mots,
et la nuit s'est ouverte, et elle est restée déclose,
et j'ai mis un œil[3] en sa chair et t'ai tressé l'autre dans les
cheveux
et j'ai noué entre les deux la mèche[4], la veine ouverte —
et un jeune éclair a nagé[5] jusque-là.

## *KRISTALL*

*Nicht an meinen Lippen suche deinen Mund,*
*nicht vorm Tor den Fremdling,*
*nicht im Aug die Träne.*

*Sieben Nächte höher wandert Rot zu Rot,*
*sieben Herzen tiefer pocht die Hand ans Tor,*
*sieben Rosen später rauscht der Brunnen.*

## CRISTAL

Ne cherche pas sur mes lèvres ta bouche,
ni devant le portail l'étranger,
ni dans l'œil la larme.

Sept nuits plus haut rouge s'en va vers rouge,
sept cœurs plus bas la main cogne au portail,
sept roses plus tard la fontaine bruit.

*Ich bin allein, ich stell die Aschenblume*
*ins Glas voll reifer Schwärze. Schwestermund,*
*du sprichst ein Wort, das fortlebt vor den Fenstern,*
*und lautlos klettert, was ich träumt, an mir empor.*

*Ich steh im Flor der abgeblühten Stunde*
*und spar ein Harz für einen späten Vogel :*
*er trägt die Flocke Schnee auf lebensroter Feder ;*
*das Körnchen Eis im Schnabel, kommt er durch den Sommer.*

JE SUIS SEUL, je mets la fleur de cendre[1]
dans le verre rempli de noirceur mûrie. Bouche sœur,
tu prononces un mot qui survit devant les fenêtres,
et sans un bruit, le long de moi, grimpe ce que je rêvais.

Je suis dans la pleine efflorescence[2] de l'heure défleurie
et mets une gemme[3] de côté pour un oiseau tardif :
il porte le flocon de neige sur la plume rouge vie[4] ;
le grain de glace dans le bec, il arrive par l'été.

## *DIE KRÜGE*

Für Klaus Demus

*An den langen Tischen der Zeit*
*zechen die Krüge Gottes.*
*Sie trinken die Augen der Sehenden leer und die Augen der Blinden,*
*die Herzen der waltenden Schatten,*
*die hohle Wange des Abends.*
*Sie sind die gewaltigsten Zecher :*
*sie führen das Leere zum Mund wie das Volle*
*und schäumen nicht über wie du oder ich.*

# LES CRUCHES

*Pour Klaus Demus*[1]

Aux tables longues du temps
trinquent[2] les cruches de Dieu.
Elles boivent, elles vident les yeux des voyants et les yeux des aveugles,
les cœurs des ombres efficientes[3],
la joue creuse du soir.
Elles sont les plus majestueux trinqueurs :
elles portent le vide à la bouche comme le plein
et ne débordent[4] pas comme toi ou bien moi.

*NACHTS, wenn das Pendel der Liebe schwingt*
*zwischen Immer und Nie,*
*stößt dein Wort zu den Monden des Herzens*
*und dein gewitterhaft blaues*
*Aug reicht der Erde den Himmel.*

*Aus fernem, aus traumgeschwärztem*
*Hain weht uns an das Verhauchte,*
*und das Versäumte geht um, groß wie die Schemen der Zukunft.*

*Was sich nun senkt und hebt,*
*gilt dem zuinnerst Vergrabnen :*
*blind wie der Blick, den wir tauschen,*
*küßt es die Zeit auf den Mund.*

LA NUIT[1], quand le pendule de l'amour balance
entre Toujours et Jamais,
ta parole vient rejoindre les lunes du cœur
et ton œil bleu
d'orage tend le ciel à la terre.

D'un bois lointain, d'un bosquet noirci de rêve
l'Expiré nous effleure
et le Manqué hante l'espace, grand comme les spectres
du futur.

Ce qui maintenant s'enfonce et soulève
vaut pour l'Enseveli au plus intime :
embrasse, aveugle, comme le regard
que nous échangeons, le temps sur la bouche.

*Der Tauben weisseste flog auf : ich darf dich lieben !*
*Im leisen Fenster schwankt die leise Tür.*
*Der stille Baum trat in die stille Stube.*
*Du bist so nah, als weiltest du nicht hier.*

*Aus meiner Hand nimmst du die große Blume :*
*sie ist nicht weiß, nicht rot, nicht blau — doch nimmst du sie.*
*Wo sie nie war, da wird sie immer bleiben.*
*Wir waren nie, so bleiben wir bei ihr.*

La plus blanche des colombes[1] s'est envolée : j'ai
le droit de t'aimer !
Dans la fenêtre discrète hésite la porte discrète.
L'arbre silencieux est entré dans la pièce silencieuse.
Tu es proche comme si tu ne demeurais ici.

Dans ma main tu prends la grande fleur :
elle n'est pas blanche, pas rouge, pas bleue — pourtant,
tu la prends.
Où jamais elle ne fut, elle restera toujours.
Nous ne fûmes jamais, nous restons donc chez elle.

## *SCHLAF UND SPEISE*

*Der Hauch der Nacht ist dein Laken, die Finsternis legt sich*
*zu dir.*
*Sie rührt dir an Knöchel und Schläfe, sie weckt dich zu Leben*
*und Schlaf,*
*sie spürt dich im Wort auf, im Wunsch, im Gedanken,*
*sie schläft bei jedem von ihnen, sie lockt dich hervor.*
*Sie kämmt dir das Salz aus den Wimpern und tischt es dir auf,*
*sie lauscht deinen Stunden den Sand ab und setzt ihn dir vor.*
*Und was sie als Rose war, Schatten und Wasser,*
*schenkt sie dir ein.*

## SOMMEIL ET REPAS[1]

Le souffle de la nuit est ton drap[2], la ténèbre se couche contre toi.
Elle t'effleure la cheville et la tempe, te réveille à vie et sommeil,
elle te traque et déniche dans un mot, un désir, une pensée,
elle couche avec chacun d'eux, elle t'appâte et débusque.
Elle te peigne le sel des cils et te le donne à manger,
à l'écoute[3] de tes heures, elle en recueille le sable et te le sert à table.
Et ce que, rose, elle fut, ombre et eau,
elle te le verse.

*UNSTETES HERZ, dem die Heide die Stadt baut*
*inmitten der Kerzen und Stunden,*
*du steigst*
*mit den Pappeln hinan zu den Teichen :*
*im Nächtlichen schnitzt dort*
*die Flöte den Freund ihres Schweigens*
*und zeigt ihn den Wassern.*
*Am Ufer*
*wandelt vermummt der Gedanke und lauscht :*
*denn nichts*
*tritt hervor in eigner Gestalt,*
*und das Wort, das über dir glänzt,*
*glaubt an den Käfer im Farn.*

Cœur inconstant, pour qui la lande construit la ville
parmi les bougies et les heures,
tu montes
avec les peupliers vers les étangs :
là-bas dans le nocturne la flûte taille
l'ami de son mutisme
et le fait voir aux eaux.
Sur la rive,
la pensée lentement marche, emmitouflée de masque,
elle écoute :
rien, en effet,
ne surgit dans sa figure propre,
et le mot qui brille au-dessus de toi
croit au scarabée[1] dans la fougère.

*Zähle die Mandeln,*
*zähle, was bitter war und dich wachhielt,*
*zähl mich dazu :*

*Ich suchte dein Aug, als du's aufschlugst und niemand dich ansah,*
*ich spann jenen heimlichen Faden,*
*an dem der Tau, den du dachtest,*
*hinunterglitt zu den Krügen,*
*die ein Spruch, der zu niemandes Herz fand, behütet.*

*Dort erst tratest du ganz in den Namen, der dein ist,*
*schrittest du sicheren Fußes zu dir,*
*schwangen die Hämmer frei im Glockenstuhl deines Schweigens,*
*stieß das Erlauschte zu dir,*
*legte das Tote den Arm auch um dich,*
*und ihr ginget selbdritt durch den Abend.*

*Mache mich bitter.*
*Zähle mich zu den Mandeln.*

COMPTE LES AMANDES[1],
compte ce qui était amer et t'a tenu en éveil,
compte-moi au nombre de tout cela :

Je cherchais ton œil quand tu l'as ouvert et que personne ne te regardait,
j'ai tourné ce fil secret
sur lequel la rosée que tu pensais
a glissé en bas jusqu'aux cruches
que protège une formule[2] qui n'a trouvé le cœur de personne.

C'est là-bas seulement que tu es entré tout entier dans le nom qui est tien,
que tu as marché d'un pied sûr vers toi-même,
que les marteaux se sont balancés librement dans le beffroi de ton silence,
que le tout juste Entendu est soudain venu jusqu'à toi,
que le déjà-mort t'a aussi entouré de son bras,
et vous êtes allés trois en un[3] dans le soir.

Rends-moi amer.
Compte-moi au nombre des amandes.

# DE SEUIL EN SEUIL
## *VON SCHWELLE ZU SCHWELLE*

## ICH HÖRTE SAGEN

*Ich hörte sagen, es sei*
*im Wasser ein Stein und ein Kreis*
*und über dem Wasser ein Wort,*
*das den Kreis um den Stein legt.*

*Ich sah meine Pappel hinabgehn zum Wasser,*
*ich sah, wie ihr Arm hinuntergriff in die Tiefe,*
*ich sah ihre Wurzeln gen Himmel um Nacht flehn.*

*Ich eilt ihr nicht nach,*
*ich las nur vom Boden auf jene Krume,*
*die deines Auges Gestalt hat und Adel,*
*ich nahm dir die Kette der Sprüche vom Hals*
*und säumte mit ihr den Tisch, wo die Krume nun lag.*

*Und sah meine Pappel nicht mehr.*

## J'AI ENTENDU DIRE[1]

J'ai entendu dire : il y a
dans l'eau une pierre et un cercle
et au-dessus de l'eau une parole
qui met le cercle autour de la pierre.

J'ai vu mon peuplier descendre à l'eau,
j'ai vu son bras aller s'accrocher dans la profondeur,
j'ai vu ses racines supplier le ciel que vienne une nuit.

Je n'ai pas couru derrière lui,
j'ai seulement ramassé par terre la miette
qui de ton œil a la forme et noblesse,
j'ai ôté à ton cou la chaîne des formules
et j'en ai ourlé la table où la miette se trouvait maintenant.

Et je n'ai plus vu mon peuplier.

## *ZWIEGESTALT*

*Laß dein Aug in der Kammer sein eine Kerze,*
*den Blick einen Docht,*
*laß mich blind genug sein,*
*ihn zu entzünden.*

*Nein.*
*Laß anderes sein.*

*Tritt vor dein Haus,*
*schirr deinen scheckigen Traum an,*
*laß seine Hufe reden*
*zum Schnee, den du fortbliest*
*vom First meiner Seele.*

## FIGURE DOUBLE

Fais que ton œil dans la chambre[1] soit une bougie,
ton regard une mèche,
fais-moi être assez aveugle
pour l'allumer.

Non.
Fais qu'autre chose soit.

Avance devant ta maison,
harnache ton songe pie,
fais parler son sabot
à la neige que tu as soufflée
du faîtage de mon âme.

## FERNEN

*Aug in Aug, in der Kühle,*
*laß uns auch solches beginnen :*
*gemeinsam*
*laß uns atmen den Schleier,*
*der uns voreinander verbirgt,*
*wenn der Abend sich anschickt zu messen,*
*wie weit es noch ist*
*von jeder Gestalt, die er annimmt,*
*zu jeder Gestalt,*
*die er uns beiden geliehn.*

## LOINTAINS

Les yeux dans les yeux[1], dans la fraîcheur,
commençons aussi cela par exemple :
respirons
ensemble le voile
qui nous cache l'un à l'autre,
quand le soir se dispose à mesurer
tout ce qui sépare encore chacune
de ses propres figures
de chacune de celles
qu'il nous a à tous deux prêtées.

## *DER GAST*

*Lange vor Abend*
*kehrt bei dir ein, der den Gruß getauscht mit dem Dunkel.*
*Lange vor Tag*
*wacht er auf*
*und facht, eh er geht, einen Schlaf an,*
*einen Schlaf, durchklungen von Schritten :*
*du hörst ihn die Fernen durchmessen*
*und wirfst deine Seele dorthin.*

## L'INVITÉ[1]

C'est bien avant le soir
qu'entre chez toi celui qui a échangé le salut avec l'obscurité.
Et bien avant le jour
qu'il s'éveille
et attise avant de partir un sommeil,
un sommeil résonnant de pas :
tu l'entends traverser à grandes enjambées les lointains
et lances au loin là-bas ton âme.

## *AUFS AUGE GEPFROPFT*

*Aufs Auge gepfropft*
*ist dir das Reis, das den Wäldern den Weg wies :*
*verschwistert den Blicken,*
*treibt es die schwarze,*
*die Knospe.*

*Himmelweit spannt sich das Lid diesem Frühling.*
*Lidweit dehnt sich der Himmel,*
*darunter, beschirmt von der Knospe,*
*der Ewige pflügt,*
*der Herr.*

*Lausche der Pflugschar, lausche.*
*Lausche : sie knirscht*
*über der harten, der hellen,*
*der unvordenklichen Träne.*

## GREFFÉ SUR L'ŒIL

Sur ton œil est greffée
la brindille[1] qui signalait aux forêts le chemin :
sœur dans la fratrie des regards
elle fait bourgeonner la pousse,
la noire.

À perte de ciel la paupière se galbe sous ce printemps.
À perte de paupière le ciel s'étire,
en dessous, à l'abri du bourgeon,
l'Éternel laboure,
le Seigneur.

Écoute bien le soc, écoute.
Écoute bien : il crisse
sur la larme, dure, claire,
la larme immémorable.

## *ASSISI*

*Umbrische Nacht.*
*Umbrische Nacht mit dem Silber von Glocke und Ölblatt.*
*Umbrische Nacht mit dem Stein, den du hertrugst.*
*Umbrische Nacht mit dem Stein.*

*Stumm, was ins Leben stieg, stumm.*
*Füll die Krüge um.*

*Irdener Krug.*
*Irdener Krug, dran die Töpferhand festwuchs.*
*Irdener Krug, den die Hand eines Schattens für immer verschloß.*
*Irdener Krug mit dem Siegel des Schattens.*

*Stein, wo du hinsiehst, Stein.*
*Laß das Grautier ein.*

*Trottendes Tier.*
*Trottendes Tier im Schnee, den die nackteste Hand streut.*
*Trottendes Tier vor dem Wort, das ins Schloß fiel.*

## ASSISE[1]

Nuit d'Ombrie.
Nuit d'Ombrie avec l'argent de la cloche et de la feuille d'olivier.
Nuit d'Ombrie avec la pierre portée jusqu'ici par toi.
Nuit d'Ombrie avec la pierre.

Muet, ce qui montait à la vie, muet.
Fais passer d'une cruche dans l'autre.

Cruche de terre.
Cruche de terre où la main du potier s'est greffée.
Cruche de terre que la main d'une ombre a pour toujours scellée.
Cruche de terre avec le sceau de l'ombre.

Pierre, où tu regardes, pierre.
Fais entrer le grison.

Bête traînarde.
Bête traînarde dans la neige que la main la plus nue épand.
Bête traînarde devant le mot qui s'est brusquement refermé[2].

*Trottendes Tier, das den Schlaf aus der Hand frißt.*

*Glanz, der nicht trösten will, Glanz.*
*Die Toten — sie betteln noch, Franz.*

Bête traînarde, qui vient manger le sommeil dans la main.

Splendeur qui n'arrive pas à consoler, splendeur.
Les morts — les morts mendient encore, François[3].

## *VOR EINER KERZE*

*Aus getriebenem Golde, so*
*wie du's mir anbefahlst, Mutter,*
*formt ich den Leuchter, daraus*
*sie empor mir dunkelt inmitten*
*splitternder Stunden :*
*deines*
*Totseins Tochter.*

*Schlank von Gestalt,*
*ein schmaler, mandeläugiger Schatten,*
*Mund und Geschlecht*
*umtanzt von Schlummergetier,*
*entschwebt sie dem klaffenden Golde,*
*steigt sie hinan*
*zum Scheitel des Jetzt.*

*Mit nachtverhangnen*
*Lippen*
*sprech ich den Segen :*

> *Im Namen der Drei,*
> *die einander befehden, bis*

## DEVANT UNE BOUGIE[1]

J'ai façonné d'or repoussé, comme
tu me l'avais, mère, expressément ordonné,
le chandelier d'où
elle me submerge peu à peu d'obscur au milieu
d'heures qui se brisent en miettes :
la fille de ton
être-morte.

Svelte, élancée,
ombre mince aux yeux amandes,
la bouche et le sexe
pris dans la danse d'une faune de sommeil,
elle se dégage légère de l'or béant,
monte vers le sommet
du crâne du Maintenant.

Par mes lèvres tendues
de nuit
je prononce la bénédiction :

   Au nom des trois
   qui se combattent jusqu'à

*der Himmel hinabtaucht ins Grab der Gefühle,*
*im Namen der Drei, deren Ringe*
*am Finger mir glänzen, sooft*
*ich den Bäumen im Abgrund das Haar lös,*
*auf daß die Tiefe durchrauscht sei von reicherer Flut —,*
*im Namen des ersten der Drei,*
*der aufschrie,*
*als es zu leben galt dort, wo vor ihm sein Wort schon gewesen,*
*im Namen des zweiten, der zusah und weinte,*
*im Namen des dritten, der weiße*
*Steine häuft in der Mitte, —*
*sprech ich dich frei*
*vom Amen, das uns übertäubt,*
*vom eisigen Licht, das es säumt,*
*da, wo es turmhoch ins Meer tritt,*
*da, wo die graue, die Taube*
*aufpickt die Namen*
*diesseits und jenseits des Sterbens :*
*Du bleibst, du bleibst, du bleibst*
*einer Toten Kind,*
*geweiht dem Nein meiner Sehnsucht,*
*vermählt einer Schrunde der Zeit,*
*vor die mich das Mutterwort führte,*
*auf daß ein einziges Mal*
*erzittre die Hand,*
*die je und je mir ans Herz greift !*

ce que le ciel plonge dans le tombeau des sentiments,
au nom des trois dont les anneaux
me brillent au doigt chaque fois
que dans le gouffre je dénoue les chevelures des arbres,
pour qu'un flux plus généreux fasse retentir l'abîme —,
au nom du premier des trois,
qui poussa un cri
quand il s'agit de vivre là où sa parole déjà, avant lui,
  avait été,
au nom du deuxième, qui regarda et pleura,
au nom du troisième qui met des pierres
blanches en tas au milieu :
je te dégage
de l'amen qui nous stupéfie[2],
de la lumière de glace qui le borde
là où il entre haut comme une tour dans la mer,
là où la grise, la colombe
picore les noms
en deçà et au-delà du mourir :
tu restes, tu restes, tu restes
l'enfant d'une morte,
consacré au Non de ma désirance,
marié à une crevasse du temps
devant laquelle m'a conduit le mot-mère,
afin qu'une fois une seule
tremble soudain la main
qui ne cesse de m'étreindre le cœur !

## *STILLEBEN*

*Kerze bei Kerze, Schimmer bei Schimmer, Schein bei Schein.*

*Und dies hier, darunter : ein Aug,*
*ungepaart und geschlossen,*
*das Späte bewimpernd, das anbrach,*
*ohne der Abend zu sein.*

*Davor das Fremde, des Gast du hier bist :*
*die lichtlose Distel,*
*mit der das Dunkel die Seinen bedenkt,*
*aus der Ferne,*
*um unvergessen zu bleiben.*

*Und dies noch, verschollen im Tauben :*
*der Mund,*
*versteint und verbissen in Steine,*
*angerufen vom Meer,*
*das sein Eis die Jahre hinanwälzt.*

# NATURE MORTE[1]

Bougies avec les bougies, scintillances avec les scintillances, lueurs avec les lueurs.

Et ici en dessous, ceci : un œil,
dépareillé et clos,
frangeant de cils le Tard qu'on voyait poindre
sans être le soir.

Devant, le Non-connu, dont tu es l'hôte ici :
le chardon sans lumière
dont l'Obscur fait cadeau aux siens,
depuis le Lointain,
pour demeurer inoublié.

Et puis encore, ceci, porté disparu[2] dans le Sourd :
la bouche,
pétrifiée et les crocs refermés sur des pierres,
hélée par la mer
qui toutes les années roule vers le haut ses glaces.

## *DIE HALDE*

*Neben mir lebst du, gleich mir :*
*als ein Stein*
*in der eingesunkenen Wange der Nacht.*

*O diese Halde, Geliebte,*
*wo wir pausenlos rollen,*
*wir Steine,*
*von Rinnsal zu Rinnsal.*
*Runder von Mal zu Mal.*
*Ähnlicher. Fremder.*

*O dieses trunkene Aug,*
*das hier umherirrt wie wir*
*und uns zuweilen*
*staunend in eins schaut.*

## LA PENTE[1]

Tu vis à côté de moi, pareille à moi :
pierre
dans la joue effondrée de la nuit.

Ô cette pente, mon aimée,
où nous roulons sans faire de pauses,
nous les pierres
de rigole en rigole.
Plus rondes à chaque fois[2].
Plus semblables. Plus étrangères.

Ô cet œil ivre
qui comme nous erre ici tout autour,
et parfois, étonné,
nous voit confondus.

## *NÄCHTLICH GESCHÜRZT*

Für Hannah und Hermann Lenz

*Nächtlich geschürzt*
*die Lippen der Blumen,*
*gekreuzt und verschränkt*
*die Schäfte der Fichten,*
*ergraut das Moos, erschüttert der Stein,*
*erwacht zum unendlichen Fluge*
*die Dohlen über dem Gletscher :*

*dies ist die Gegend, wo*
*rasten, die wir ereilt :*

*sie werden die Stunde nicht nennen,*
*die Flocken nicht zählen,*
*den Wassern nicht folgen ans Wehr.*

*Sie stehen getrennt in der Welt,*
*ein jeglicher bei seiner Nacht,*
*ein jeglicher bei seinem Tode,*
*unwirsch, barhaupt, bereift*
*von Nahem und Fernem.*

## FRONCÉES DE NUIT[1]

*Pour Hannah et Hermann Lenz*[2]

Froncées de nuit
les lèvres des fleurs,
croisés et enchevêtrés
les fûts des grands pins,
grisaillée la mousse, ébranlée la pierre,
réveillés pour le vol infini
les choucas par-dessus le glacier :

c'est la contrée où
font une pause ceux que nous avons rattrapés :

ils ne nommeront pas l'heure,
ne compteront pas les flocons,
ne suivront pas les eaux jusqu'au barrage[3].

Ils sont là dans le monde, à part,
chacun seul auprès de sa nuit,
chacun seul auprès de sa mort,
hargneux, nu-tête, givré
de proche et de lointain.

*Sie tragen die Schuld ab, die ihren Ursprung beseelte,*
*sie tragen sie ab an ein Wort,*
*das zu Unrecht besteht, wie der Sommer.*

*Ein Wort — du weißt :*
*eine Leiche.*

*Laß uns sie waschen,*
*laß uns sie kämmen,*
*laß uns ihr Aug*
*himmelwärts wenden.*

Ils acquittent la dette qui fut l'âme de leur origine,
ils s'en acquittent envers un mot
qui n'existe qu'à tort, comme l'été.

Un mot — tu sais :
un cadavre[4].

Lavons ce cadavre,
peignons ses cheveux,
tournons son œil
vers le ciel.

## *FLÜGELNACHT*

*Flügelnacht, weither gekommen und nun*
*für immer gespannt*
*über Kreide und Kalk.*
*Kiesel, abgrundhin rollend.*
*Schnee. Und mehr noch des Weißen.*

*Unsichtbar,*
*was braun schien,*
*gedankenfarben und wild*
*überwuchert von Worten.*

*Kalk ist und Kreide.*
*Und Kiesel.*
*Schnee. Und mehr noch des Weißen.*

*Du, du selbst :*
*in das fremde*
*Auge gebettet, das dies*
*überblickt.*

## AILE-NUIT

Aile-nuit de très loin venue et maintenant
à jamais tendue
sur la craie et sur la chaux.
Galet, roulant à l'abîme.
Neige. Et de blanc plus encore.

Invisible
ce qui paraissait[1] brun,
couleur de pensée et foisonnant
de mots.

La chaux existe, et la craie aussi existe.
Et le galet.
La neige. Et de blanc davantage encore.

Et toi, toi-même :
niché[2] au fond de l'œil
autre, qui embrasse
tout ça d'un regard.

## *WELCHEN DER STEINE DU HEBST*

*Welchen der Steine du hebst —*
*du entblößt,*
*die des Schutzes der Steine bedürfen :*
*nackt,*
*erneuern sie nun die Verflechtung.*

*Welchen der Bäume du fällst —*
*du zimmerst*
*die Bettstatt, darauf*
*die Seelen sich abermals stauen,*
*als schütterte nicht*
*auch dieser*
*Äon.*

*Welches der Worte du sprichst —*
*du dankst*
*dem Verderben.*

## QUELLE QUE SOIT LA PIERRE QUE TU LÈVES

Quelle que soit la pierre[1] que tu lèves —
tu découvres[2] ceux
qui ont besoin de la protection des pierres :
nus,
ils renouvellent maintenant le tressage.

Quel que soit l'arbre que tu abats —
tu menuises
le cadre du lit sur lequel
les âmes de nouveau s'agglutinent
comme si, lui non plus,
il ne tremblait pas, cet
éon[3].

Quel que soit le mot que tu dis —
tu rends grâce
à perte et périr.

## *SCHIBBOLETH*

*Mitsamt meinen Steinen,*
*den großgeweinten*
*hinter den Gittern,*

*schleiften sie mich*
*in die Mitte des Marktes,*
*dorthin,*
*wo die Fahne sich aufrollt, der ich*
*keinerlei Eid schwor.*

*Flöte,*
*Doppelflöte der Nacht :*
*denke der dunklen*
*Zwillingsröte*
*in Wien und Madrid.*

*Setz deine Fahne auf Halbmast,*
*Erinnrung.*
*Auf Halbmast*
*für heute und immer.*

*Herz :*
*gib dich auch hier zu erkennen,*

## SCHIBBOLETH[1]

Avec toutes mes pierres,
grandies dans les pleurs
derrière les grilles,

ils m'ont traîné
jusqu'au milieu du marché,
jusqu'au lieu
où se déroule le drapeau auquel je n'ai
prêté aucune espèce de serment.

Flûte,
double-flûte de la nuit :
songe à la sombre
aurore jumelle
à Vienne et Madrid.

Mets à mi-hampe ton drapeau,
souvenir.
À mi-hampe
pour aujourd'hui et à jamais.

Cœur :
là aussi fais-toi connaître,

*hier, in der Mitte des Marktes.*
*Ruf's, das Schibboleth, hinaus*
*in die Fremde der Heimat :*
*Februar. No pasarán.*

*Einhorn :*
*du weißt um die Steine,*
*du weißt um die Wasser,*
*komm,*
*ich führ dich hinweg*
*zu den Stimmen*
*von Estremadura.*

là au milieu du marché.
Crie-le, le schibboleth, à toute force
dans l'étrangeté du pays :
février[2]. *No pasarán.*

Licorne[3] :
tu sais bien ce qu'il en est des pierres,
tu sais bien ce qu'il en est des eaux,
viens,
je t'emmène loin
chez les voix
de l'Estrémadure[4].

## *DIE WINZER*

Für Nani und Klaus Demus

*Sie herbsten den Wein ihrer Augen,*
*sie keltern alles Geweinte, auch dieses :*
*so will es die Nacht,*
*die Nacht, an die sie gelehnt sind, die Mauer,*
*so forderts der Stein,*
*der Stein, über den ihr Krückstock dahinspricht*
*ins Schweigen der Antwort —*
*ihr Krückstock, der einmal,*
*einmal im Herbst,*
*wenn das Jahr zum Tod schwillt, als Traube,*
*der einmal durchs Stumme hindurchspricht, hinab*
*in den Schacht des Erdachten.*

*Sie herbsten, sie keltern den Wein,*
*sie pressen die Zeit wie ihr Auge,*
*sie kellern das Sickernde ein, das Geweinte,*
*im Sonnengrab, das sie rüsten*
*mit nachtstarker Hand :*
*auf daß ein Mund danach dürste, später —*

## LES VIGNERONS

*Pour Nani et Klaus Demus*[1]

Ils vendangent[2] le vin de leurs yeux,
ils passent tous les pleurs[3] au pressoir, même cela :
ainsi le veut la nuit,
la nuit à laquelle ils s'adossent, le mur,
ainsi l'exige la pierre,
la pierre qu'enjambe[4] la parole lancée par leur canne
dans le silence de la réponse —
leur canne qui un jour,
un jour à l'automne,
quand l'année, raisin, gonfle à la mort,
qui un jour parle au travers du mutisme, le traverse et
descend
au fond du puits du conçu[5].

Ils vendangent, ils pressurent le vin,
ils écrasent le temps comme leur œil,
mettent en cave ce qui perle, les pleurs,
dans la tombe solaire qu'ils équipent[6]
à main forte de nuit :
afin qu'une bouche, plus tard, ait soif de cela —

*ein Spätmund, ähnlich dem ihren :*
*Blindem entgegengekrümmt und gelähmt —*
*ein Mund, zu dem der Trunk aus der Tiefe emporschäumt, indes*
*der Himmel hinabsteigt ins wächserne Meer,*
*um fernher als Lichtstumpf zu leuchten,*
*wenn endlich die Lippe sich feuchtet.*

une bouche tardive[7], qui ressemble à la leur :
retordue contre de l'aveugle et gourde —
une bouche vers qui monte des profondeurs la mousse du
  breuvage, tandis
que le ciel dévale dans la mer cireuse,
pour luire de très loin, malingre lumignon,
quand enfin se mouille la lèvre.

## *INSELHIN*

*Inselhin, neben den Toten,*
*dem Einbaum waldher vermählt,*
*von Himmeln umgeiert die Arme,*
*die Seelen saturnisch beringt :*

*so rudern die Fremden und Freien,*
*die Meister vom Eis und vom Stein :*
*umläutet von sinkenden Bojen,*
*umbellt von der haiblauen See.*

*Sie rudern, sie rudern, sie rudern — :*
*Ihr Toten, ihr Schwimmer, voraus !*
*Umgittert auch dies von der Reuse !*
*Und morgen verdampft unser Meer !*

# DROIT SUR L'ÎLE[1]

Droit sur l'île, à côté des morts,
mariés des forêts à l'arbre-pirogue[2],
les bras ceints de ciels vautours,
les âmes cerclées d'anneaux saturniens :

ainsi rament les étrangers et libres,
les maîtres des glaces et de la pierre :
ceints d'un carillon de bouées qui s'enfoncent,
et des aboiements de la mer bleu squale.

Ils rament, ils rament, ils rament encore — :
Ô morts, ô nageurs, partez droit devant !
Dans les grilles aussi tout ça de la nasse !
Demain notre mer va s'évaporer !

# GRILLE DE PAROLE
# *SPRACHGITTER*

Stimmen, *ins Grün*
*der Wasserfläche geritzt.*
*Wenn der Eisvogel taucht,*
*sirrt die Sekunde :*

*Was zu dir stand*
*an jedem der Ufer,*
*es tritt*
*gemäht in ein anderes Bild.*

*

Stimmen *vom Nesselweg her :*

*Komm auf den Händen zu uns.*
*Wer mit der Lampe allein ist,*
*hat nur die Hand, draus zu lesen.*

*

Stimmen, *nachtdurchwachsen, Stränge,*
*an die du die Glocke hängst.*

*Voix*[1], rayures
dans la face verte de l'eau.
Quand le martin-pêcheur plonge,
la seconde[2] grésille :

ce qui était à tes côtés
sur chacune des rives,
pénètre
fauché dans une autre image.

*

*Voix* venues du chemin d'orties :

viens sur les mains jusqu'à nous.
Quand on est seul avec la lampe,
on n'a que la main pour y lire.

*

*Voix*, envahies de nuit, cordes[3]
auxquelles tu pends la cloche.

*Wölbe dich, Welt :*
*Wenn die Totenmuschel heranschwimmt,*
*will es hier läuten.*

*

Stimmen, *vor denen dein Herz*
*ins Herz deiner Mutter zurückweicht.*
*Stimmen vom Galgenbaum her,*
*wo Spätholz und Frühholz die Ringe*
*tauschen und tauschen.*

*

Stimmen, *kehlig, im Grus,*
*darin auch Unendliches schaufelt,*
*(herz-)*
*schleimiges Rinnsal.*

*Setz hier die Boote aus, Kind,*
*die ich bemannte :*

*Wenn mittschiffs die Bö sich ins Recht setzt,*
*treten die Klammern zusammen.*

*

Jakobsstimme :

*Die Tränen.*
*Die Tränen im Bruderaug.*

Arque-toi, monde :
quand le coquillage des morts s'approchera de la rive
les cloches vont sonner ici.

*

*Voix* devant qui ton cœur reflue
jusque dans le cœur de ta mère.
Voix venues de l'arbre gibet,
où bois dur et bois jeune échangent,
sans cesse échangent leurs anneaux.

*

*Voix*, rauques, dans le gravillon,
où pelle aussi de l'infini,
rigole de
mucosité (cardiaque).

Mets à l'eau ici, enfant, les barques
que j'ai munies d'hommes d'équipage :

quand à mi-coque la bourrasque vient se mettre dans le droit,
les serres[4] se réunissent.

*

*Voix* de Jacob :

Les larmes.
Les larmes dans l'œil frère.

*Eine blieb hängen, wuchs.*
*Wir wohnen darin.*
*Atme, daß*
*sie sich löse.*

*

Stimmen *im Innern der Arche :*

*Es sind*
*nur die Münder*
*geborgen. Ihr*
*Sinkenden, hört*
*auch uns.*

*

Keine
Stimme — *ein*
*Spätgeräusch, stundenfremd, deinen*
*Gedanken geschenkt, hier, endlich*
*herbeigewacht : ein*
*Fruchtblatt, augengroß, tief*
*geritzt ; es*
*harzt, will nicht*
*vernarben.*

L'une d'elles est restée suspendue, a grossi.
Nous habitons dedans.
Respire, pour
qu'elle se détache.

*

*Voix* dans l'intérieur de l'arche :

n'ont été
sauvées que les
bouches. Vous
qui sombrez, écoutez-
nous aussi.

*

*Pas une*
*voix* — un
bruit de la fin, étranger aux heures, offert
à tes pensées, ici, enfin porté
jusqu'ici à force de veille : un
pistil[5], gros comme un œil, avec une profonde
rayure ; il
bave de la résine, ne veut pas
cicatriser[6].

## *ZUVERSICHT*

*Es wird noch ein Aug sein,*
*ein fremdes, neben*
*dem unsern : stumm*
*unter steinernem Lid.*

*Kommt, bohrt euren Stollen !*

*Es wird eine Wimper sein,*
*einwärts gekehrt im Gestein,*
*von Ungeweintem verstählt,*
*die feinste der Spindeln.*

*Vor euch tut sie das Werk,*
*als gäb es, weil Stein ist, noch Brüder.*

## CONFIANCE[1]

Il y aura un œil encore,
un œil inconnu, à côté
du nôtre : muet
sous une paupière de roche.

Venez, forez votre galerie[2].

Il y aura un cil,
tourné vers le dedans de la roche,
durci à l'acier[3] du non-pleuré,
le plus fin de tous les fuseaux.

Il fait devant vous son ouvrage, comme si
parce que la pierre existe, il y avait encore des frères.

## SCHLIERE

*Schliere im Aug :*
*von den Blicken auf halbem*
*Weg erschautes Verloren.*
*Wirklichgesponnenes Niemals,*
*wiedergekehrt.*

*Wege, halb — und die längsten.*

*Seelenbeschrittene Fäden,*
*Glasspur,*
*rückwärtsgerollt*
*und nun*
*vom Augen-Du auf dem steten*
*Stern über dir*
*weiß überschleiert.*

*Schliere im Aug :*
*daß bewahrt sei*
*ein durchs Dunkel getragenes Zeichen,*
*vom Sand (oder Eis ?) einer fremden*
*Zeit für ein fremderes Immer*
*belebt und als stumm*
*vibrierender Mitlaut gestimmt.*

## STRIE[1]

Stries, traînée dans l'œil :
Perdu[2] perçu à mi-
chemin par les regards.
Grand Jamais filé[3] réel,
revenu.

Chemins, à moitié[4] — et les plus longs de tous.

Fils arpentés d'âme,
trace de verre,
ré-enroulée
et maintenant
voilée de blanc
par l'Œil-Tu sur l'étoile
constante au-dessus de toi.

Stries, traînée dans l'œil :
que soit gardé
un signe porté par l'obscur,
animé par le sable (ou la glace ?) d'un temps
d'étrangeté pour un À tout jamais plus étranger
encore et réglé[5] sur la vibrance
muette d'une consonne.

## *TENEBRAE*

*Nah sind wir, Herr,*
*nahe und greifbar.*

*Gegriffen schon, Herr,*
*ineinander verkrallt, als wär*
*der Leib eines jeden von uns*
*dein Leib, Herr.*

*Bete, Herr,*
*bete zu uns,*
*wir sind nah.*

*Windschief gingen wir hin,*
*gingen wir hin, uns zu bücken*
*nach Mulde und Maar.*

*Zur Tränke gingen wir, Herr.*

*Es war Blut, es war,*
*was du vergossen, Herr.*

*Es glänzte.*

## TENEBRAE[1]

Nous sommes tout près, Seigneur,
tout près et saisissables[2].

Déjà happés, Seigneur,
cramponnés l'un en l'autre, comme si
le corps de chacun d'entre nous était
ton corps, Seigneur.

Prie, Seigneur,
adresse-nous ta prière[3],
nous sommes tout près.

Nous sommes allés tout pliés et tordus,
sommes allés nous pencher
à la mare[4] et au trou d'eau.

Nous sommes allés à l'abreuvoir, Seigneur.

C'était du sang, c'était
ce que tu as versé, Seigneur.

Ça brillait.

*Es warf uns dein Bild in die Augen, Herr.*
*Augen und Mund stehn so offen und leer, Herr.*

*Wir haben getrunken, Herr.*
*Das Blut und das Bild, das im Blut war, Herr.*

*Bete, Herr.*
*Wir sind nah.*

Ça nous jetait ton image dans les yeux, Seigneur.
Les yeux et la bouche sont si vides et béants, Seigneur.

Nous avons bu, Seigneur.
Le sang et puis l'image qui était dans le sang, Seigneur.

Prie, Seigneur.
Nous sommes tout près.

## *SPRACHGITTER*

*Augenrund zwischen den Stäben.*

*Flimmertier Lid*
*rudert nach oben,*
*gibt einen Blick frei.*

*Iris, Schwimmerin, traumlos und trüb :*
*der Himmel, herzgrau, muß nah sein.*

*Schräg, in der eisernen Tülle,*
*der blakende Span.*
*Am Lichtsinn*
*errätst du die Seele.*

*(Wär ich wie du. Wärst du wie ich.*
*Standen wir nicht*
*unter* einem *Passat ?*
*Wir sind Fremde.)*

*Die Fliesen. Darauf,*
*dicht beieinander, die beiden*
*herzgrauen Lachen :*
*zwei*
*Mundvoll Schweigen.*

## GRILLE DE PAROLE[1]

Rond d'un œil entre les barres.

Vibratile animal paupière[2]
rame vers le haut,
permet un regard.

Iris[3], nageuse, sans rêve et morose :
le ciel, gris-cœur, doit être proche.

Penché, dans la bobèche de fer,
le copeau fumeux cracheur de suie.
Au sens de la lumière
tu devines l'âme.

(Si j'étais comme toi. Si tu étais comme moi.
N'étions-nous pas
sous *un seul et même* alizé ?
Nous sommes des étrangers.)

Les carreaux, par terre. Dessus,
serrées l'une contre l'autre, les deux
flaques[4] gris-cœur :
deux
pleines bouches de silence[5].

## *SCHNEEBETT*

*Augen, weltblind, im Sterbegeklüft : Ich komm,*
*Hartwuchs im Herzen.*
*Ich komm.*

*Mondspiegel Steilwand. Hinab.*
*(Atemgeflecktes Geleucht. Strichweise Blut.*
*Wölkende Seele, noch einmal gestaltnah.*
*Zehnfingerschatten — verklammert.)*

*Augen weltblind,*
*Augen im Sterbegeklüft,*
*Augen Augen :*

*Das Schneebett unter uns beiden, das Schneebett.*
*Kristall um Kristall,*
*zeittief gegittert, wir fallen,*
*wir fallen und liegen und fallen.*

## LIT DE NEIGE

Les yeux[1], aveugles au monde, dans le mouroir d'à-pics :
je viens,
dur plant au cœur.
Je viens.

Falaise miroir de lune. Chute.
(Lueur tachée de souffle. Sang épars sur zones étroites[2].
Âme se dissipant en formation nuageuse, une fois encore proche de la configuration nette.
Ombre décadigitale[3] — position crispée[4].)

Les yeux aveugles au monde,
les yeux dans le mouroir d'à-pics,
les yeux les yeux :

Le lit de neige sous nous deux, le lit de neige.
Cristal après cristal,
treillagés dans des grilles[5] à profondeur de temps, nous tombons,
nous tombons et gisons et tombons.

*Und fallen :*
*Wir waren. Wir sind.*
*Wir sind ein Fleisch mit der Nacht.*
*In den Gängen, den Gängen.*

Et tombons :
Nous étions. Nous sommes.
Nous ne faisons qu'une chair avec la nuit.
Dans les couloirs, les couloirs.

## *MATIÈRE DE BRETAGNE*

*Ginsterlicht, gelb, die Hänge*
*eitern gen Himmel, der Dorn*
*wirbt um die Wunde, es läutet*
*darin, es ist Abend, das Nichts*
*rollt seine Meere zur Andacht,*
*das Blutsegel hält auf dich zu.*

*Trocken, verlandet*
*das Bett hinter dir, verschilft*
*seine Stunde, oben,*
*beim Stern, die milchigen*
*Priele schwatzen im Schlamm, Steindattel,*
*unten, gebuscht, klafft ins Gebläu, eine Staude*
*Vergänglichkeit, schön,*
*grüßt dein Gedächtnis.*

*(Kanntet ihr mich,*
*Hände? Ich ging*
*den gegabelten Weg, den ihr wiest, mein Mund*
*spie seinen Schotter, ich ging, meine Zeit,*

## MATIÈRE DE BRETAGNE[1]

Lumière de genêts[2], jaune, les pentes
bavent du pus vers le ciel, l'épine
courtise la blessure, des cloches
y sonnent, c'est le soir, le néant
roule ses mers pour la prière,
la voile sang met cap sur toi.

Sec, asséché
derrière toi le lit, envahie de roseaux
son heure, là-haut,
près de l'étoile, les rigoles[3]
laiteuses de l'estran bavardent dans la vase, la datte de pierre[4]
dessous, en touffe, bée dans la bleuité, un bouquet pérennant
de mortalité, beau,
salue ta mémoire.

(Me connaissiez-vous,
mains ? j'ai suivi
le chemin fourché que vous indiquiez, ma bouche
crachait son cailloutis, j'allais, mon temps,

*wandernde Wächte, warf ihren Schatten — kanntet ihr mich?)*

*Hände, die dorn-*
*umworbene Wunde, es läutet,*
*Hände, das Nichts, seine Meere,*
*Hände, im Ginsterlicht, das*
*Blutsegel*
*hält auf dich zu.*

*Du*
*du lehrst*
*du lehrst deine Hände*
*du lehrst deine Hände du lehrst*
*du lehrst deine Hände*
*schlafen*

corniche de neige errante, projetait son ombre — m'avez-
vous connu ?)

Mains, la plaie cour-
tisée d'épine, les cloches sonnent,
mains, le néant, ses mers,
mains, dans la lumière de genêts, la
voile sang
met cap sur toi.

Toi,
tu apprends
tu apprends à tes mains
tu apprends à tes mains, leur apprends
tu apprends à tes mains
à dormir.

## *IN MUNDHÖHE*

*In Mundhöhe, fühlbar :*
*Finstergewächs.*

*(Brauchst es, Licht, nicht zu suchen, bleibst*
*das Schneegarn, hältst*
*deine Beute.*

*Beides gilt :*
*Berührt und Unberührt.*
*Beides spricht mit der Schuld von der Liebe,*
*beides will dasein und sterben.)*

*Blattnarben, Knospen, Gewimper.*
*Äugendes, tagfremd.*
*Schelfe, wahr und offen.*

*Lippe wußte. Lippe weiß.*
*Lippe schweigt es zu Ende.*

## À HAUTEUR DE BOUCHE

À hauteur de bouche, perceptible :
excroissance[1] ténèbre.

(Pas besoin, lumière, que tu la cherches, tu demeures
le filet[2] de neige, tu tiens
ta proie.

L'un et l'autre sont valables :
Touché et Non-touché.
L'un et l'autre, avec la faute, parlent de l'amour,
l'un et l'autre veulent exister et mourir.)

Stigmates[3] de corolle, bourgeons, blocs ciliaires.
Œil épieur, étranger au jour.
Cosse, vraie et ouverte.

Lèvre savait. Lèvre sait.
Lèvre finit de le taire.

## *ENTWURF EINER LANDSCHAFT*

*Rundgräber, unten. Im*
*Viertakt der Jahresschritt auf*
*den Steilstufen rings.*

*Laven, Basalte, weltherz-*
*durchglühtes Gestein.*
*Quelltuff,*
*wo uns das Licht wuchs, vor*
*dem Atem.*

*Ölgrün, meerdurchstäubt die*
*unbetretbare Stunde. Gegen*
*die Mitte zu, grau,*
*ein Steinsattel, drauf,*
*gebeult und verkohlt,*
*die Tierstirn mit*
*der strahligen Blesse.*

# ESQUISSE DE PAYSAGE[1]

Tombes rondes, en bas. Tout autour,
à quatre temps le pas de l'an sur
les marches raides.

Laves, basaltes, roche
rougie au feu de cœur du monde.
Tuf de source[2]
où pour nous la lumière a grandi, avant
le souffle.

Vert d'huile, saupoudrée de mer l'heure
impénétrable. Vers
le milieu, grise,
une croupe de pierre, dessus,
bossué et carbonisé,
le front de bête avec
sa lisse[3] rayonnée.

## *SOMMERBERICHT*

*Der nicht mehr beschrittene, der*
*umgangene Thymianteppich.*
*Eine Leerzeile, quer*
*durch die Glockenheide gelegt.*
*Nichts in den Windbruch getragen.*

*Wieder Begegnungen mit*
*vereinzelten Worten wie :*
*Steinschlag, Hartgräser, Zeit.*

## RAPPORT D'ÉTÉ

Le tapis de thym sur lequel
on ne marche plus, qu'on contourne.
Une ligne vide placée en travers
sur la bruyère des marais[1].
Néant porté dans les bris de vent.

Rencontres, de nouveau, avec
des mots isolés, comme :
éboulement, herbes dures, temps.

## *ENGFÜHRUNG*

*

*Verbracht ins*
*Gelände*
*mit der untrüglichen Spur :*

*Gras, auseinandergeschrieben. Die Steine, weiß,*
*mit den Schatten der Halme :*
*Lies nicht mehr — schau !*
*Schau nicht mehr — geh !*

*Geh, deine Stunde*
*hat keine Schwestern, du bist —*
*bist zuhause. Ein Rad, langsam,*
*rollt aus sich selber, die Speichen*
*klettern,*

## STRETTE[1]

*

Dé-placé[2] dans
le territoire
à la trace non-trompeuse :

herbe écriture désarticulée[3]. Les pierres, blanches,
avec les ombres des brins :
Ne lis plus — regarde !
Ne regarde plus — va !

Va, ton heure
n'a pas de sœurs, tu es —
tu es chez toi. Une roue, lente,
roule d'elle-même, les rayons
grimpent,

*klettern auf schwärzlichem Feld, die Nacht*
*braucht keine Sterne, nirgends*
*fragt es nach dir.*

*

*Nirgends*
*fragt es nach dir —*

*Der Ort, wo sie lagen, er hat*
*einen Namen — er hat*
*keinen. Sie lagen nicht dort. Etwas*
*lag zwischen ihnen. Sie*
*sahn nicht hindurch.*

*Sahn nicht, nein,*
*redeten von*
*Worten. Keines*
*erwachte, der*
*Schlaf*
*kam über sie.*

*

*Kam, kam. Nirgends*
*fragt es —*

*Ich bins, ich,*
*ich lag zwischen euch, ich war*
*offen, war*
*hörbar, ich tickte euch zu, euer Atem*
*gehorchte, ich*

grimpent dans un champ presque noir, la nuit
n'a pas besoin d'étoiles, nulle part
il n'y a souci de toi.

*

Nulle part
il n'y a souci de toi —

L'endroit où ils étaient couchés[4], il a
un nom — il n'en a
pas. Ils n'étaient pas couchés là. Mais il y avait quelque
chose
de couché entre eux. Eux
ne voyaient pas à travers.

Ne voyaient pas, non,
parlaient de
mots. Aucun d'eux
ne s'est réveillé, le
sommeil
est venu sur eux.

*

Est venu, venu. Nulle part
il n'y a souci —

C'est moi, moi,
moi qui étais couché entre vous, j'étais
ouvert, on pouvait
m'entendre, moi qui tapotais[5] pour vous dire, votre
souffle
obéissait, et c'est toujours, c'est

*bin es noch immer, ihr*
*schlaft ja.*

*

*Bin es noch immer —*

*Jahre.*
*Jahre, Jahre, ein Finger*
*tastet hinab und hinan, tastet*
*umher :*
*Nahtstellen, fühlbar, hier*
*klafft es weit auseinander, hier*
*wuchs es wieder zusammen — wer*
*deckte es zu ?*

*

*Deckte es*
*zu — wer ?*

*Kam, kam.*
*Kam ein Wort, kam,*
*kam durch die Nacht,*
*wollt leuchten, wollt leuchten.*

*Asche.*
*Asche, Asche.*
*Nacht.*
*Nacht-und-Nacht. — Zum*
*Aug geh, zum feuchten.*

encore moi, il est vrai
que vous dormez.

*

Encore moi —

Années.
Années, années, un doigt
tâtonne, monte, descend, tâte
tout autour :
sutures, sensibles, ici
c'est béant grand ouvert, ici
ça s'est ressoudé — qui
a recouvert ça ?

*

A recouvert ça
— qui ?

Est venu, venu.
Est venu un mot, est venu,
est venu par la nuit,
voulait luire, voulait luire.

Cendre.
Cendre, cendre.
Nuit.
Nuit-et-Nuit. — À
l'œil va, à l'œil humide.

*

*Zum*
*Aug geh,*
*zum feuchten —*

*Orkane.*
*Orkane, von je,*
*Partikelgestöber, das andre,*
*du*
*weißts ja, wir*
*lasens im Buche, war*
*Meinung.*

*War, war*
*Meinung. Wie*
*faßten wir uns*
*an — an mit*
*diesen*
*Händen?*

*Es stand auch geschrieben, daß.*
*Wo? Wir*
*taten ein Schweigen darüber,*
*giftgestillt, groß,*
*ein*
*grünes*
*Schweigen, ein Kelchblatt, es*
*hing ein Gedanke an Pflanzliches dran —*
*grün, ja,*
*hing, ja,*
*unter hämischem*
*Himmel.*

*

À
l'œil va,
à l'œil humide —

Cyclones.
Cyclones, de toujours,
chaos-tourbillons de particules, le reste,
tu
le sais bien, nous
l'avons lu dans le livre, était
de l'opinion[6].

Était, était
de l'opinion. Comment
nous sommes-nous attrapés
— attrapés par
ces
mains ?

C'était écrit aussi que.
Où ? Nous
avons mis là-dessus un silence,
calmé[7] au sein, allaité de poison, grand,
un
silence
vert, un sépale, y était
accrochée une idée de flore —
vert, oui,
accrochée, oui
sous un ciel
mauvais.

*An, ja,*
*Pflanzliches.*

*Ja.*
*Orkane, Par-*
*tikelgestöber, es blieb*
*Zeit, blieb,*
*es beim Stein zu versuchen — er*
*war gastlich, er*
*fiel nicht ins Wort. Wie*
*gut wir es hatten :*

*Körnig,*
*körnig und faserig. Stengelig,*
*dicht ;*
*traubig und strahlig ; nierig,*
*plattig und*
*klumpig ; locker, ver-*
*ästelt — : er, es*
*fiel nicht ins Wort, es*
*sprach,*
*sprach gerne zu trockenen Augen, eh es sie schloß.*

*Sprach, sprach.*
*War, war.*

*Wir*
*ließen nicht locker, standen*
*inmitten, ein*
*Porenbau, und*
*es kam.*

*Kam auf uns zu, kam*
*hindurch, flickte*

Accrochée, oui,
de flore.

Oui.
Cyclones, chaos, tour-
billons de particules, il restait
le temps, restait,
d'essayer auprès de la pierre — elle
fut hospitalière, elle
ne coupait pas la parole.
Ah la chance que nous avions :

grenue,
grenue et fibreuse. Tigeuse,
serrée ;
grappeuse et rayonneuse ; rognonnée,
lisse et
grumeleuse ; lâche, ra-
mifiée — : elle, ça
ne coupait pas la parole, ça
parlait,
ça parlait volontiers aux yeux secs avant de les fermer.

Parlait, parlait.
Était, était.

Nous
n'avons pas lâché, sommes restés
dedans, une seule et même
construction de pores, puis
c'est venu.

C'est venu à nous, c'est
passé au travers, a réparé

*unsichtbar, flickte*
*an der letzten Membran,*
*und*
*die Welt, ein Tausendkristall,*
*schoß an, schoß an.*

*

*Schoß an, schoß an.*
*Dann —*

*Nächte, entmischt. Kreise,*
*grün oder blau, rote*
*Quadrate : die*
*Welt setzt ihr Innerstes ein*
*im Spiel mit den neuen*
*Stunden. — Kreise,*
*rot oder schwarz, helle*
*Quadrate, kein*
*Flugschatten,*
*kein*
*Meßtisch, keine*
*Rauchseele steigt und spielt mit.*

*

*Steigt und*
*spielt mit —*

*In der Eulenflucht, beim*
*versteinerten Aussatz,*
*bei*
*unsern geflohenen Händen, in*
*der jüngsten Verwerfung,*

invisiblement, fait des réparations
sur la dernière membrane,
et
le monde, mille-cristal,
a déferlé, déferlé[8].

*

Déferlé, déferlé.
Et —

Nuits, dé-mêlées. Cercles,
verts ou bleus, carrés
rouges : le
monde dans la
partie jouée avec les heures nouvelles
mise ce qu'il a de plus intime. — Cercles,
rouges ou noirs, carrés
clairs, pas
d'ombre de vol,
pas
de table de mesure[9], pas
d'âme de fumée qui monte et se joint au jeu.

*

Monte et
se joint au jeu…

Dans l'envol de la chouette[10], sur
la lèpre[11] pétrifiée,
sur nos
mains enfuies, dans
le dernier des rejets,

*überm*
*Kugelfang an*
*der verschütteten Mauer :*

*sichtbar, aufs*
*neue : die*
*Rillen, die*

*Chöre, damals, die*
*Psalmen. Ho, ho-*
*sianna.*

*Also*
*stehen noch Tempel. Ein*
*Stern*
*hat wohl noch Licht.*
*Nichts,*
*nichts ist verloren.*

*Ho-*
*sianna.*

*In der Eulenflucht, hier,*
*die Gespräche, taggrau,*
*der Grundwasserspuren.*

*

*(— — taggrau,*
*der*
*Grundwasserspuren —*

*Verbracht*
*ins Gelände*

au-dessus du
pare-balles contre
le mur éboulé :

visibles, à
nouveau : les
rainures, les

chœurs, autrefois, les
psaumes. Ho, ho-
sanna.

Ainsi donc,
il y a encore des temples debout. Une
étoile
a bien encore de la lumière.
Rien,
rien n'est perdu.

Ho-
sanna.

Dans l'envol de la chouette, ici,
les dialogues, gris-jour,
des traces d'eaux de fond.

*

(— — gris-jour,
des
traces d'eaux de fond.

Dé-placé
dans le territoire

*mit*
*der untrüglichen*
*Spur :*

*Gras.*
*Gras,*
*auseinandergeschrieben.)*

à
la trace
non-trompeuse :

Herbe.
herbe,
écriture désarticulée.)

# LA ROSE DE PERSONNE
# *DIE NIEMANDSROSE*

*SOVIEL GESTIRNE, die*
*man uns hinhält. Ich war,*
*als ich dich ansah — wann? —,*
*draußen bei*
*den andern Welten.*

*O diese Wege, galaktisch,*
*o diese Stunde, die uns*
*die Nächte herüberwog in*
*die Last unsrer Namen. Es ist,*
*ich weiß es, nicht wahr,*
*daß wir lebten, es ging*
*blind nur ein Atem zwischen*
*Dort und Nicht-da und Zuweilen,*
*kometenhaft schwirrte ein Aug*
*auf Erloschenes zu, in den Schluchten,*
*da, wo's verglühte, stand*
*zitzenprächtig die Zeit,*
*an der schon empor- und hinab-*
*und hinwegwuchs, was*
*ist oder war oder sein wird —,*

TANT D'ASTRES qu'on
nous fait miroiter. J'étais,
quand je t'ai regardée — quand ? —
dehors chez
les autres mondes.

Ô ces voies, galactiques[1],
ô cette heure[2] qui nous fit
passer le poids
des nuits dans la charge de nos noms[3]. Il n'est,
je le sais, pas vrai
que nous avons vécu, il est
seulement passé, aveugle, un souffle entre
Là et Pas-là et Par moments,
un œil a vrombi, comète, filant
vers de l'éteint[4], au fond des gouffres,
là où mourait la braise, se tenait,
tétins somptueux, le Temps
sur qui déjà croissait, grimpait, redescendait
et débordait ce qui
est ou était ou sera —,

*ich weiß,*
*ich weiß und du weißt, wir wußten,*
*wir wußten nicht, wir*
*waren ja da und nicht dort,*
*und zuweilen, wenn*
*nur das Nichts zwischen uns stand, fanden*
*wir ganz zueinander.*

je sais,
je sais et tu sais, nous savions,
ne savions pas,
n'étions-nous pas ici en effet et non là-bas,
et par moments[5],
pour peu que seul le néant fût dressé entre nous, nous nous sommes entièrement trouvés.

*ZU BEIDEN HÄNDEN, da*
*wo die Sterne mir wuchsen, fern*
*allen Himmeln, nah*
*allen Himmeln :*
*Wie*
*wacht es sich da ! Wie*
*tut sich die Welt uns auf, mitten*
*durch uns !*

*Du bist,*
*wo dein Aug ist, du bist*
*oben, bist*
*unten, ich*
*finde hinaus.*

*O diese wandernde leere*
*gastliche Mitte. Getrennt,*
*fall ich dir zu, fällst*
*du mir zu, einander*
*entfallen, sehn wir*
*hindurch :*

À L'UNE ET L'AUTRE MAIN[1], là
où me sont poussées les étoiles, loin
de tous les cieux, près
de tous les cieux :
Ah comme
ça veille là ! comme
s'ouvre à nous le monde, au travers,
au milieu de nous !

Tu es là
où est ton œil, tu es
là-haut, tu es
en bas, je trouve
la sortie.

Ô ce milieu voyageur vide
hospitalier. Séparés
je t'échois, tu
m'échois, l'un de l'autre
déchus, nous voyons
à travers :

*Das*
*Selbe*
*hat uns*
*verloren, das*
*Selbe*
*hat uns*
*vergessen, das*
*Selbe*
*hat uns — —*

le
Même
nous a
perdus, le
Même
nous a
oubliés, le
Même
nous a — —.

## *PSALM*

*Niemand knetet uns wieder aus Erde und Lehm,*
*niemand bespricht unsern Staub.*
*Niemand.*

*Gelobt seist du, Niemand.*
*Dir zulieb wollen*
*wir blühn.*
*Dir*
*entgegen.*

*Ein Nichts*
*waren wir, sind wir, werden*
*wir bleiben, blühend :*
*die Nichts-, die*
*Niemandsrose.*

*Mit*
*dem Griffel seelenhell,*
*dem Staubfaden himmelswüst,*
*der Krone rot*
*vom Purpurwort, das wir sangen*
*über, o über*
*dem Dorn.*

## PSAUME[1]

Personne ne nous pétrira de nouveau de terre et d'argile[2],
personne ne soufflera la parole sur notre poussière.
Personne.

Loué sois-tu, Personne.
C'est pour te plaire que nous voulons
fleurir.
À ton
encontre.

Un Rien,
voilà ce que nous fûmes, sommes et
resterons, fleurissant :
la Rose de Néant, la
Rose de Personne.

Avec
le style[3], lumineux d'âme,
le filet d'étamine[4], ravage de ciel[5],
la couronne rouge
du mot pourpre que nous chantions,
au-dessus, ô, au-dessus
de l'épine.

## *CHYMISCH*

*Schweigen, wie Gold gekocht, in*
*verkohlten*
*Händen.*

*Große, graue,*
*wie alles Verlorene nahe*
*Schwestergestalt :*

*Alle die Namen, alle die mit-*
*verbrannten*
*Namen. Soviel*
*zu segnende Asche. Soviel*
*gewonnenes Land*
*über*
*den leichten, so leichten*
*Seelen-*
*ringen.*

*Große. Graue. Schlacken-*
*lose.*

*Du, damals.*
*Du mit der fahlen,*

# CHYMIQUE[1]

Silence[2], comme un or en fusion, recuit, dans
des mains
calcinées.

Grande, grise,
proche comme tout le perdu,
silhouette-sœur :

tous ces noms, tous ces
noms avec
elle brûlés. Tant
de cendre à bénir. Tant
de terres gagnées
au-dessus des
anneaux
d'âme
légers, si légers.

Grande. Grise. La Dépourvue de
scories.

Toi, autrefois,
Toi, avec le bourgeon

*aufgebissenen Knospe.*
*Du in der Weinflut.*

*(Nicht wahr, auch uns*
*entließ diese Uhr?*
*Gut,*
*gut, wie dein Wort hier vorbeistarb.)*

*Schweigen, wie Gold gekocht, in*
*verkohlten, verkohlten*
*Händen.*
*Finger, rauchdünn. Wie Kronen, Luftkronen*
*um — —*

*Große. Graue. Fährte-*
*lose.*
*König-*
*liche.*

blême, mordu[3].
Toi dans le flot de vin.

(N'est-ce pas, nous aussi
cette horloge nous a laissé partir ?
C'était bon,
bon, la mort-passage ici de ta parole.)

Silence, comme un or en fusion, recuit dans
des mains
calcinées, calcinées.
Doigts, gracile fumée[4]. Comme des couronnes, des couronnes d'air
autour de — —

Grande. Grise. La Dépourvue de
trace à suivre.
Roy-
ale[5].

*Es ist nicht mehr*
*diese*
*zuweilen mit dir*
*in die Stunde gesenkte*
*Schwere. Es ist*
*eine andre.*

*Es ist das Gewicht, das die Leere zurückhält,*
*die mit-*
*ginge mit dir.*
*Es hat, wie du, keinen Namen. Vielleicht*
*seid ihr dasselbe. Vielleicht*
*nennst auch du mich einst*
*so.*

CE N'EST PLUS[1]
cette
lourdeur enfoncée
avec toi parfois dans
l'heure. C'est une lourdeur
autre.

C'est le poids qui retient le vide
qui avec
toi s'en irait.
Ça n'a, comme toi, pas de nom. Peut-être
êtes-vous la même chose. Un jour peut-être
toi aussi, tu m'appelleras
ainsi.

## *RADIX, MATRIX*

*Wie man zum Stein spricht, wie*
*du,*
*mir vom Abgrund her, von*
*einer Heimat her Ver-*
*schwisterte, Zu-*
*geschleuderte, du,*
*du mir vorzeiten,*
*du mir im Nichts einer Nacht,*
*du in der Aber-Nacht Be-*
*gegnete, du*
*Aber-Du — :*

*Damals, da ich nicht da war,*
*damals, da du*
*den Acker abschrittst, allein :*

*Wer,*
*wer wars, jenes*
*Geschlecht, jenes gemordete, jenes*
*schwarz in den Himmel stehende :*
*Rute und Hode — ?*

## RADIX, MATRIX[1]

Comme on parle à la pierre, comme
tu fais,
toi qui m'es depuis l'abîme, depuis
un pays natal telle une sœur liée,
catapultée[2],
toi,
toi qui naguère,
toi qui dans le néant d'une nuit,
toi qui m'as dans la contre-nuit[3] ren-
contré, toi,
Contre-Tu — :

jadis, quand je n'étais pas là,
jadis, quand tu
arpentais le champ, seule :

qui,
qui était-ce, cette
souche[4], cette lignée assassinée,
noire dressée dans le ciel :
verge et testicule — ?

*(Wurzel.*
*Wurzel Abrahams. Wurzel Jesse. Niemandes*
*Wurzel — o*
*unser.)*

*Ja,*
*wie man zum Stein spricht, wie*
*du*
*mit meinen Händen dorthin*
*und ins Nichts greifst, so*
*ist, was hier ist :*

*auch dieser*
*Fruchtboden klafft,*
*dieses*
*Hinab*
*ist die eine der wild-*
*blühenden Kronen.*

(Racine.
Racine d'Abraham[5]. Racine de Jessé. De personne
racine — ô
nôtre.)

Oui,
comme on parle à la pierre, comme
tu
cherches à saisir avec mes mains[6] quelque chose là-bas
et dans le néant, ainsi
en est-il de ce qui est ici :

ce fond fructifère[7]
lui aussi est béant,
cette
plongée[8]
est l'une des couronnes
de floraison sauvage.

## *MANDORLA*

*In der Mandel — was steht in der Mandel?*
*Das Nichts. .*
*Es steht das Nichts in der Mandel.*
*Da steht es und steht.*

*Im Nichts — wer steht da? Der König.*
*Da steht der König, der König.*
*Da steht er und steht.*

*Judenlocke, wirst nicht grau.*

*Und dein Aug — wohin steht dein Auge?*
*Dein Aug steht der Mandel entgegen.*
*Dein Aug, dem Nichts stehts entgegen.*
*Es steht zum König.*
*So steht es und steht.*

*Menschenlocke, wirst nicht grau.*
*Leere Mandel, königsblau.*

## MANDORLE[1]

Dans l'amande — qu'est-ce qui est[2] dans l'amande ?
Le néant.
C'est le néant qui est et se tient dans l'amande.
Il est là et continue d'être.

Dans le néant — qui donc est là et se tient ? Le roi.
C'est le roi qui est là, le roi.
Il est là et continue d'être.

Boucle de juif[3], tu ne seras pas grise.

Et ton œil — vers quoi se tient-il ton œil ?
Ton œil se tient et fait face à l'amande.
Ton œil, c'est au néant qu'il fait face.
Il se tient et reste du côté du roi.
C'est comme ça qu'il est, tient, continue d'être.

Boucle d'homme, tu ne seras pas grise.
Amande vide, bleu roi.

## SIBIRISCH

*Bogengebete — du*
*sprachst sie nicht mit, es waren,*
*du denkst es, die deinen.*

*Der Rabenschwan hing*
*vorm frühen Gestirn :*
*mit zerfressenem Lidspalt*
*stand ein Gesicht — auch unter diesem*
*Schatten.*

*Kleine, im Eiswind*
*liegengebliebene*
*Schelle*
*mit deinem*
*weißen Kiesel im Mund :*

*Auch mir*
*steht der tausendjahrfarbene*
*Stein in der Kehle, der Herzstein,*
*auch ich*
*setze Grünspan an*
*an der Lippe.*

## SIBÉRIEN[1]

Prières à l'arc[2] — tu
ne les as pas dites avec les autres, c'étaient
tu le penses les tiennes.

Le cygne corbeau était pendu
devant l'astre de première heure :
fente des paupières
rongée, il y avait là un visage[3] — aussi sous cette
ombre.

Petit,
abandonné là,
petit grelot dans le vent glacé
avec ton
galet blanc dans la bouche[4] :

moi aussi
la pierre couleur millénaire
me reste dans la gorge, la pierre-de-cœur[5],
moi aussi
j'ai[6] du vert-de-gris qui me pousse
à la lèvre.

*Über die Schuttflur hier,*
*durch das Seggenmeer heute*
*führt sie, unsre*
*Bronze-Straße.*
*Da lieg ich und rede zu dir*
*mit abgehäutetem*
*Finger.*

Elle passe par la plaine d'éboulis[7] ici
à travers la mer de laîches[8] aujourd'hui
notre Route
du Bronze[9].
Je gis là et te parle[10]
avec un doigt
dépiauté[11].

## *ANABASIS*

*Dieses*
*schmal zwischen Mauern geschriebne*
*unwegsam-wahre*
*Hinauf und Zurück*
*in die herzhelle Zukunft.*

*Dort.*

*Silben-*
*mole, meer-*
*farben, weit*
*ins Unbefahrne hinaus.*

*Dann :*
*Bojen-,*
*Kummerbojen-Spalier*
*mit den*
*sekundenschön hüpfenden*
*Atemreflexen — : Leucht-*
*glockentöne (dum-,*
*dun-, un-,*
unde suspirat

## ANABASE[1]

Cet
aller en haut[2] et retour[3] dans
l'avenir clair-cœur,
mal praticable et vrai[4],
écrit étroit entre des murs,

Là-bas.

Môle
de syllabes, couleur
de mer, loin
parti dans le large non-navigué.

Puis :
bouées,
double rangée de bouées-chagrin
avec les
réflexes respiratoires[5],
tressaillantes beautés de secondes — : sons
des balises lumineuses[6] (doum-
doun-, oun-
*unde suspirat*

cor*),*
*aus-*
*gelöst, ein-*
*gelöst, unser.*

*Sichtbares, Hörbares, das*
*frei-*
*werdende Zeltwort :*

*Mitsammen.*

*cor*[7]),
dé-
clenchées, ren-
dues[8], nôtres.

À-voir, À-entendre : le
mot-tente qui devient
libre :

ensemble[9].

# *LE MENHIR*

*Wachsendes*
*Steingrau.*

*Graugestalt, augen-*
*loser du, Steinblick, mit dem uns*
*die Erde hervortrat, menschlich,*
*auf Dunkel-, auf Weißheidewegen,*
*abends, vor*
*dir, Himmelsschlucht.*

*Verkebstes, hierhergekarrt, sank*
*über den Herzrücken weg. Meer-*
*mühle mahlte.*

*Hellflüglig hingst du, früh,*
*zwischen Ginster und Stein,*
*kleine Phaläne.*

*Schwarz, phylakterien-*
*farben, so wart ihr,*
*ihr mit-*
*betenden Schoten.*

## LE MENHIR[1]

Gris de pierre[2]
qui grandit là.

Silhouette grise, toi qui n'as
pas d'yeux, regard de pierre, avec lequel
la terre devant nous a surgi, humaine,
sur des chemins de bruyère obscure, ou blanche[3],
le soir, face
à toi, gouffre du ciel.

Du concubiné[4], brouetté jusqu'ici, s'abîmait
par-delà le dos du cœur. Moulin
de mer[5] moulait.

Claire ailée tu pendais tôt matin
entre pierre et genêt,
petite phalène[6].

Noires, couleur
de phylactère[7], ainsi étiez-vous,
gousses[8], vous
aussi en prière.

*Hinausgekrönt,*
*hinausgespien in die Nacht.*

*Bei welchen*
*Sternen! Lauter*
*graugeschlagenes Herzhammersilber. Und*
*Berenikes Haupthaar, auch hier, — ich flocht,*
*ich zerflocht,*
*ich flechte, zerflechte.*
*Ich flechte.*

*Blauschlucht, in dich*
*treib ich das Gold. Auch mit ihm, dem*
*bei Huren und Dirnen vertanen,*
*komm ich und komm ich. Zu dir,*
*Geliebte.*

*Auch mit Fluch und Gebet. Auch mit jeder*
*der über mich hin-*
*schwirrenden Keulen: auch sie in eins*
*geschmolzen, auch sie*
*phallisch gebündelt zu dir,*
*Garbe-und-Wort.*

POUSSÉ DEHORS SOUS UNE COURONNE[1],
poussé dehors sous des crachats dans la nuit.

Sous quelles
étoiles ! Rien qu'argent
de marteau du cœur battu gris. Et
Chevelure de Bérénice[2], ici aussi, — je tressais,
détressais,
je tresse, je détresse.
je tresse[3].

Ravin bleu, en toi
je pousse l'or[4]. Avec lui aussi,
l'égaré prodigue chez filles et putains,
je viens et je viens. Vers toi,
mon aimée.

Avec aussi juron et prière. Avec aussi chacune
des massues qui vrombissent
sur moi : elles aussi fondues
en un seul être, elles aussi
liées en fascine phallique vers toi.
Gerbe-et-parole.

*Mit Namen, getränkt*
*von jedem Exil.*
*Mit Namen und Samen,*
*mit Namen, getaucht*
*in alle*
*Kelche, die vollstehn mit deinem*
*Königsblut, Mensch, — in alle*
*Kelche der großen*
*Ghetto-Rose, aus der*
*du uns ansiehst, unsterblich von soviel*
*auf Morgenwegen gestorbenen Toden.*

*(Und wir sangen die Warschowjanka.*
*Mit verschilften Lippen, Petrarca.*
*In Tundra-Ohren, Petrarca.)*

*Und es steigt eine Erde herauf, die unsre,*
*diese.*
*Und wir schicken*
*keinen der Unsern hinunter*
*zu dir,*
*Babel.*

Avec des noms, imbibés
de chaque exil.
Avec des noms et des semences,
avec des noms, plongés
dans tous
les calices saturés de ton
sang royal, être humain[5], dans tous
les calices de la grande
Rose du ghetto d'où
tu nous regardes, immortel de tant
de morts mortes sur des chemins de matin.

(Et nous chantions la Varschavianka[6].
Avec les lèvres envahies de roseau, Pétrarque.
Dans des oreilles de toundra, Pétrarque[7].)

Et voici que monte une terre, la nôtre,
celle-ci.
Et nous n'expédions
aucun des nôtres vers
ton abîme,
Babel.

## *DIE SILBE SCHMERZ*

*Es gab sich Dir in die Hand:*
*ein Du, todlos,*
*an dem alles Ich zu sich kam. Es fuhren*
*wortfreie Stimmen rings, Leerformen, alles*
*ging in sie ein, gemischt*
*und entmischt*
*und wieder*
*gemischt.*

*Und Zahlen waren*
*mitverwoben in das*
*Unzählbare. Eins und Tausend und was*
*davor und dahinter*
*größer war als es selbst, kleiner, aus-*
*gereift und*
*rück- und fort-*
*verwandelt in*
*keimendes Niemals.*

*Vergessenes griff*
*nach Zu-Vergessendem, Erdteile, Herzteile*
*schwammen,*

## LA SYLLABE *SCHMERZ*[1]

Il s'est donné à Toi dans ta main :
un Tu, sans mort,
à même qui tout Je parvient à soi. Des voix
libres de mots passaient autour, formes vides, tout
entrait en elles, mêlé
et démêlé
et de nouveau
mêlé.

Et des nombres étaient
tissés dans
l'innombrable. Un et Mille et tout
ce qui avant et derrière
était plus grand que lui-même, plus petit, complètement
mûri et
ré-gressivement et pro-gressivement
transformé en
Jamais qui germe.

De l'Oublié
attrapait de l'À-oublier, des parties du monde, des parties
de cœur
flottaient,

*sanken und schwammen. Kolumbus,*
*die Zeit-*
*lose im Aug, die Mutter-*
*Blume,*
*mordete Masten und Segel. Alles fuhr aus,*
*frei,*
*entdeckerisch,*
*blühte die Windrose ab, blätterte*
*ab, ein Weltmeer*
*blühte zuhauf und zutag, im Schwarzlicht*
*der Wildsteuerstriche. In Särgen,*
*Urnen, Kanopen*
*erwachten die Kindlein*
*Jaspis, Achat, Amethyst — Völker,*
*Stämme und Sippen, ein blindes*

*Es sei*

*knüpfte sich in*
*die schlangenköpfigen Frei-*
*Taue — : ein*
*Knoten*
*(und Wider- und Gegen- und Aber- und Zwillings- und Tau-*
*sendknoten), an dem*
*die fastnachtsäugige Brut*
*der Mardersterne im Abgrund*
*buch-, buch-, buch-,*
*stabierte, stabierte.*

sombraient et flottaient. Colomb
la hors-saison[2]
à l'œil, fleur
de la mère[3],
assassinait voiles et mâts. Tout le monde prit la mer,
libre,
en découverte,
la rose des vents défleurit, s'effeuilla,
un océan
fleurit en masse et fut au jour, dans la lumière noire
des coups de barre sauvage. Dans les cercueils,
les urnes, les canopes,
les petits enfants s'éveillèrent
Jaspe, Agathe, Améthyste peuples,
tribus et lignages, un aveugle

Que soit[4]

se roua dans l'
amarre franche à tête
de serpent — : un
nœud
(et contre- et anti-nœud et outre-nœud, nœud jumeau et
mille-nœud) sur lequel
l'engeance aux yeux de carnaval[5]
des astres de martre dans l'abîme
syl, syl, syl-
labait, labait[6].

## *UND MIT DEM BUCH AUS TARUSSA*

Все поэты жиды
MARINA ZWETAJEWA

*Vom*
*Sternbild des Hundes, vom*
*Hellstern darin und der Zwerg-*
*leuchte, die mitwebt*
*an erdwärts gespiegelten Wegen,*

*von*
*Pilgerstäben, auch dort, von Südlichem, fremd*
*und nachtfasernah*
*wie unbestattete Worte,*
*streunend*
*im Bannkreis erreichter*
*Ziele und Stelen und Wiegen.*

*Von*
*Wahr- und Voraus- und Vorüber-zu-dir-,*
*von*
*Hinaufgesagtem,*

# ET AVEC LE LIVRE DE TARUSSA[1]

Все поэты жиды
MARINA TSVETAIEVA[2]

De la
constellation du Chien[3], de
l'étoile claire[4] au milieu et du lumignon-
nain, compagnon de tissage
le long de voies reflétées vers la terre,

de
bâtons[5] de pèlerins, là-bas aussi, d'austral, étranger loin-
tain
et proche à juste une fibre de nuit[6]
comme des mots inensevelis,
rôdant
dans la zone d'influence
des buts et des stèles et des berceaux atteints.

De
prophétisé et pré-dit et dit en passant[7] à toi,
de
dit vers le haut,

*das dort bereitliegt, einem*
*der eigenen Herzsteine gleich, die man ausspie*
*mitsamt ihrem un-*
*verwüstlichen Uhrwerk, hinaus*
*in Unland und Unzeit. Von solchem*
*Ticken und Ticken inmitten*
*der Kies-Kuben mit*
*der auf Hyänenspur rückwärts,*
*aufwärts verfolgbaren*
*Ahnen-*
*reihe Derer-*
*vom-Namen-und-Seiner-*
*Rundschlucht.*

*Von*
*einem Baum, von einem.*
*Ja, auch von ihm. Und vom Wald um ihn her. Vom Wald*
*Unbetreten, vom*
*Gedanken, dem er entwuchs, als Laut*
*und Halblaut und Ablaut und Auslaut, skythisch*
*zusammengereimt*
*im Takt*
*der Verschlagenen-Schläfe,*
*mit*
*geatmeten Steppen-*
*halmen geschrieben ins Herz*
*der Stundenzäsur — in das Reich,*
*in der Reiche*
*weitestes, in*
*den Großbinnenreim*
*jenseits*
*der Stummvölker-Zone, in dich*

déjà là-bas disponible, pareil
à l'une des pierres de cœur à soi qu'on crachait
avec tout leur ir-
ravageable mécanisme d'horlogerie, poussait dehors
en Non-pays et Non-temps. De ce genre de
tic-taquement au milieu
des cubes de gravier avec,
repérable à la trace de hyène à rebours,
en montant,
la généa-
logie de Ceux-
du-Nom-et-de-son-
gouffre rond.

D'un
arbre, de l'un d'eux.
Oui, de lui aussi. Et de la forêt tout autour. De la forêt
Impénétré, d'une
pensée d'où il a poussé, phonème
et demi-phonème et apophonie et finale, rimés sur
le mode scythe[8]
au rythme
des tempes[9] des déportés[10],
inscrits
avec des chaumes
de steppes respirés dans le cœur
de la césure des heures — dans le royaume,
dans le plus
vaste des royaumes,
dans la grande rime continentale[11]
au-delà
de la zone des peuples muets[12], en toi

*Sprachwaage, Wortwaage, Heimat-*
*waage Exil.*

*Von diesem Baum, diesem Wald.*

*Von der Brücken-*
*quader, von der*
*er ins Leben hinüber-*
*prallte, flügge*
*von Wunden, — vom*
*Pont Mirabeau.*
*Wo die Oka nicht mitfließt. Et quels*
*amours ! (Kyrillisches, Freunde, auch das*
*ritt ich über die Seine,*
*ritts übern Rhein.)*

*Von einem Brief, von ihm.*
*Vom Ein-Brief, vom Ost-Brief. Vom harten,*
*winzigen Worthaufen, vom*
*unbewaffneten Auge, das er*
*den drei*
*Gürtelsternen Orions — Jakobs-*
*stab, du,*
*abermals kommst du gegangen ! —*
*zuführt auf der*
*Himmelskarte, die sich ihm aufschlug.*

*Vom Tisch, wo das geschah.*

*Von einem Wort, aus dem Haufen,*
*an dem er, der Tisch,*
*zur Ruderbank wurde, vom Oka-Fluß her*
*und den Wassern.*

balance de parole, balance de mots, balance
de pays : Exil.

De cet arbre, cette forêt.

De la pierre de taille
du pont, d'où
il est allé
s'écraser dans la vie, initié
au vol par les blessures, — du
Pont Mirabeau.
Où ne coule pas la rivière Oka. Et quels
amours ! (Ça aussi, les amis, du cyrillique,
j'en ai passé à cheval de l'autre côté de la Seine,
de l'autre côté du Rhin [13].)

D'une lettre, d'elle,
De l'Une-Lettre, de la Lettre d'Est [14]. Du dur
minuscule amas [15] de mots, de
l'œil non armé qu'il mène
aux trois
étoiles de ceinture d'Orion — Bâton [16]
de Jacob, toi,
de nouveau tu t'en viens en marchant ! —
sur la
carte du ciel qui s'est ouverte à lui.

De la table où ça s'est produit.

D'un mot, tiré de l'amas,
à même quoi elle, la table [17],
est devenue banc de nage, depuis la rivière Oka
et les eaux.

*Vom Nebenwort, das*
*ein Ruderknecht nachknirscht, ins Spätsommerohr*
*seiner hell-*
*hörigen Dolle :*

*Kolchis.*

Du mot annexe qu'un
servant de rame redit en couinant, dans l'oreille de fin d'été
de sa dame de nage
d'ouïe fine :

Colchide[18].

*In der Luft, da bleibt deine Wurzel, da,*
*in der Luft.*
*Wo sich das Irdische ballt, erdig,*
*Atem-und-Lehm.*

*Groß*
*geht der Verbannte dort oben, der*
*Verbrannte : ein Pommer, zuhause*
*im Maikäferlied, das mütterlich blieb, sommerlich, hell-*
*blütig am Rand*
*aller schroffen,*
*winterhart-kalten*
*Silben.*

*Mit ihm*
*wandern die Meridiane :*
*an-*
*gesogen von seinem*
*sonnengesteuerten Schmerz, der die Länder verbrüdert nach*
*dem Mittagsspruch einer*

EN L'AIR LÀ-HAUT[1], c'est là que demeure ta racine, là, en l'air.
Là où le terrestre se met en boule, terreux,
souffle-et-glaise.

Grand
marche là-haut l'exilé[2], le
brûlé : l'enfant de Poméranie, chez lui
dans la Chanson du Hanneton[3], qui est restée maternelle, estivale, clair-
fleurie[4] en lisière
de toutes les syllabes abruptes,
froides-durcies
d'hiver.

Avec lui[5]
voyagent les méridiens :
a-
spirés par sa
douleur que pilote un soleil et qui fait devenir frères les pays selon
la sentence de midi d'un

*liebenden*
*Ferne. Aller-*
*orten ist Hier und ist Heute, ist, von Verzweiflungen her,*
*der Glanz,*
*in den die Entzweiten treten mit ihren*
*geblendeten Mündern :*

*der Kuß, nächtlich,*
*brennt einer Sprache den Sinn ein, zu der sie erwachen, sie — :*
*heimgekehrt in*
*den unheimlichen Bannstrahl,*
*der die Verstreuten versammelt, die*
*durch die Sternwüste Seele Geführten, die*
*Zeltmacher droben im Raum*
*ihrer Blicke und Schiffe,*
*die winzigen Garben Hoffnung,*
*darin es von Erzengelfittichen rauscht, von Verhängnis,*
*die Brüder, die Schwestern, die*
*zu leicht, die zu schwer, die zu leicht*
*Befundenen mit*
*der Weltenwaage im blut-*
*schändrischen, im*
*fruchtbaren Schoß, die lebenslang Fremden,*
*spermatisch bekränzt von Gestirnen, schwer*
*in den Untiefen lagernd, die Leiber*
*zu Schwellen getürmt, zu Dämmen, — die*

*Furtenwesen, darüber*
*der Klumpfuß der Götter herüber-*
*gestolpert kommt — um*
*wessen*
*Sternzeit zu spät ?*

lointain
plein d'amour. En-tous-
lieux est Ici, est Aujourd'hui, est, issue de désespoirs,
la brillance
en laquelle entrent les divisés avec leurs
bouches éblouies :

le baiser, nocturne,
grave au feu du sens une langue à laquelle ils s'éveillent,
   eux — :
rentrés au foyer natal dans
l'angoissant rai d'exil[6]
qui rassemble les dispersés, les
errants conduits à travers le désert stellaire Âme, les
dresseurs de tentes là-haut dans l'espace
de leurs regards et navires,
les toutes petites gerbes d'espoir,
où bruit une rumeur d'ailes d'archanges, de destin,
les frères, les sœurs, les
trouvés-trop légers, les trop-lourds, les trop-légers
jugés à la balance
des mondes dans le ventre in-
cestueux, le ventre
fécond, les étrangers à vie, spermatiquement
couronnés de laitance d'astres, lourdement
entreposés sur les hauts-fonds[7], les corps
empilés en seuils, en levées, — les

êtres de gué, sur lesquels
vient en le franchissant trébucher
le pied bot des dieux — en retard
du temps stellaire[8]
de qui ?

# RENVERSE DU SOUFFLE
# *ATEMWENDE*

*DU DARFST mich getrost*
*mit Schnee bewirten :*
*sooft ich Schulter an Schulter*
*mit dem Maulbeerbaum schritt durch den Sommer,*
*schrie sein jüngstes*
*Blatt.*

TU PEUX[1] en confiance
m'offrir de la neige[2] :
chaque fois que j'ai épaule contre épaule[3]
avec l'arbre à mûres[4] traversé l'été
sa dernière[5] feuille
criait.

*IN DEN FLÜSSEN nördlich der Zukunft*
*werf ich das* Netz *aus, das du*
*zögernd beschwerst*
*mit von Steinen geschriebenen*
*Schatten.*

DANS LES FLEUVES[1] au nord[2] du futur,
je lance[3] le filet
qu'hésitant(e) tu alourdis
d'ombres écrites par
des pierres[4].

*DIE ZAHLEN, im Bund*
*mit der Bilder Verhängnis*
*und Gegen-*
*verhängnis.*

*Der drübergestülpte*
*Schädel, an dessen*
*schlafloser Schläfe ein irr-*
*lichternder Hammer*
*all das im Welttakt*
*besingt.*

LES NOMBRES[1] en alliance
avec la fatalité[2] des images
et leur contre-
fatalité.

Le crâne par-dessus
retourné, où sur
la tempe sans sommeil un
marteau feu-folletant
chante tout ça dans la cadence
du monde.

*STEHEN, im Schatten*
*des Wundenmals in der Luft.*

*Für-niemand-und-nichts-Stehn.*
*Unerkannt,*
*für dich*
*allein.*

*Mit allem, was darin Raum hat,*
*auch ohne*
*Sprache.*

RESTER LÀ, TENIR[1], dans l'ombre
de la cicatrice[2] en l'air.

Rester là, tenir pour-personne-et-pour-rien[3].
Non-connu de quiconque,
pour toi
seul.

Avec tout ce qui en cela possède de l'espace,
et même sans la
parole.

*FADENSONNEN*
*über der grauschwarzen Ödnis.*
*Ein baum-*
*hoher Gedanke*
*greift sich den Lichtton : es sind*
*noch Lieder zu singen jenseits*
*der Menschen.*

SOLEILS-FILAMENTS[1]
au-dessus du désert gris-noir.
Une pensée haute comme
un arbre
accroche le son de lumière : il y a
encore des chants à chanter au-delà
des hommes.

*WORTAUFSCHÜTTUNG, vulkanisch,*
*meerüberrauscht.*

*Oben*
*der flutende Mob*
*der Gegengeschöpfe : er*
*flaggte — Abbild und Nachbild*
*kreuzen eitel zeithin.*

*Bis du den Wortmond hinaus-*
*schleuderst, von dem her*
*das Wunder Ebbe geschieht*
*und der herz-*
*förmige Krater*
*nackt für die Anfänge zeugt,*
*die Königs-*
*geburten.*

Remblaiement verbal[1], volcanique,
assourdi de mer.

Là-haut
le flot montant de la racaille
des contre-créatures[2] : elle
arborait ses pavillons — image calquée, image imitée
naviguent vaniteusement cap sur le temps[3].

Jusqu'à ce que toi, tu cata-
pultes loin la lune de mot d'où
nous advient le miracle reflux
et d'où le cratère
en forme de cœur
témoigne nu pour les commencements,
les naissances
de Roi.

*Weggebeizt vom*
*Strahlenwind deiner Sprache*
*das bunte Gerede des An-*
*erlebten — das hundert-*
*züngige Mein-*
*gedicht, das Genicht.*

*Aus-*
*gewirbelt,*
*frei*
*der Weg durch den menschen-*
*gestaltigen Schnee,*
*den Büßerschnee, zu*
*den gastlichen*
*Gletscherstuben und -tischen.*

*Tief*
*in der Zeitenschrunde,*
*beim*
*Wabeneis*
*wartet, ein Atemkristall,*
*dein unumstößliches*
*Zeugnis.*

DÉCAPÉ[1] par
la bise irradiante de ton langage
le bavardage bariolé du propre-
ment-vécu[2] — le Mien-
poème[3] aux cents bouches[4],
le Rien-poème[5].

Ouvert au tourbillon
des bourrasques,
dégagé libre
le chemin à travers
la neige aux formes d'humain,
la neige des pénitents[6], vers
les hospitalières
tables et tavernes de glacier[7].

Tout au fond
de la crevasse des temps,
près de la
glace alvéolaire[8],
attend, cristal de souffle,
ton inébranlable
témoignage.

*Vom grossen*
*Augen-*
*losen*
*aus deinen Augen geschöpft :*

*der sechs-*
*kantige, absageweiße*
*Findling.*

*Eine Blindenhand, sternhart auch sie*
*vom Namen-Durchwandern,*
*ruht auf ihm, so*
*lang wie auf dir,*
*Esther.*

PAR LE GRAND[1]
dépourvu
d'yeux
puisé à tes yeux :

le bloc erratique[2],
l'enfant trouvé aux six arêtes, blanc
de dédit.

Une main d'aveugle, elle aussi dure comme étoile
d'avoir traversé les noms,
repose sur lui, aussi longtemps
que sur toi,
Esther[3].

*Singbarer Rest — der Umriß*
*dessen, der durch*
*die Sichelschrift lautlos hindurchbrach,*
*abseits, am Schneeort.*

*Quirlend*
*unter Kometen-*
*brauen*
*die Blickmasse, auf*
*die der verfinsterte winzige*
*Herztrabant zutreibt*
*mit dem*
*draußen erjagten Funken.*

*— Entmündigte Lippe, melde,*
*daß etwas geschieht, noch immer,*
*unweit von dir.*

RESTE CHANTABLE[1] — la silhouette
de celui qui à travers
l'écriture de faucille a sans faire de bruit percé,
à l'écart, au lieu de neige.

Bouillonnant
sous des sourcils-
comètes,
la masse tourbillon du regard, vers
laquelle dérive l'infime
satellite de cœur obscurci
avec
l'étincelle capturée au-dehors.

— Lèvre privée du pouvoir de parole[2], fais savoir
qu'il se passe toujours, encore, quelque chose,
non loin de toi.

*Am weissen Gebetriemen — der*
*Herr dieser Stunde*
*war*
*ein Wintergeschöpf, ihm*
*zulieb*
*geschah, was geschah —*
*biß sich mein kletternder Mund fest, noch einmal,*
*als er dich suchte, Rauchspur*
*du, droben,*
*in Frauengestalt,*
*du auf der Reise zu meinen*
*Feuergedanken im Schwarzkies*
*jenseits der Spaltworte, durch*
*die ich dich gehn sah, hoch-*
*beinig und*
*den schwerlippigen eignen*
*Kopf*
*auf dem von meinen*
*tödlich genauen*
*Händen*
*lebendigen Körper.*

DANS LA LANIÈRE DE PRIÈRE[1] BLANCHE — le
Seigneur de cette heure
était
une créature d'hiver, c'est
pour lui plaire
qu'est arrivé ce qui est arrivé —
ma bouche grimpante a mordu, s'est accrochée, une fois
encore,
quand elle t'a cherchée, trace de fumée
toi, là-haut,
silhouette de femme,
toi en voyage vers mes
pensées de feu dans le gravier noir
au-delà des mots de scission[2] à travers
lesquels je t'ai vue partir, haute
perchée sur tes jambes et
ta propre
tête
aux lèvres lourdes
sur le corps vivant[3] de mes
mains
mortellement exactes.

*Sag deinen dich*
*bis in die Schluchten hinein-*
*begleitenden Fingern, wie*
*ich dich kannte, wie weit*
*ich dich ins Tiefe stieß, wo*
*dich mein bitterster Traum*
*herzher beschlief, im Bett*
*meines unablösbaren Namens.*

Dis à tes
doigts qui t'accompagnent
jusqu'au fond des gouffres combien
je t'ai connue, jusqu'où je t'ai
poussée, pénétrée vers le fond, où
mon rêve le plus amer
a de cœur couché avec toi, dans le lit
de mon indétachable nom.

## HAFEN

*Wundgeheilt : wo-,*
*wenn du wie ich wärst, kreuz-*
*und quergeträumt von*
*Schnapsflaschenhälsen am*
*Hurentisch*

*— würfel*
*mein Glück zurecht, Meerhaar,*
*schaufel die Welle zuhauf, die mich trägt, Schwarzfluch,*
*brich dir den Weg*
*durch den heißesten Schoß,*
*Eiskummerfeder —,*

*wo-*
*hin*
*kämst du nicht mit mir zu liegen, auch*
*auf die Bänke*
*bei Mutter Clausen, ja sie*
*weiß, wie oft ich dir bis*
*in die Kehle hinaufsang, heidideldu,*
*wie die heidelbeerblaue*
*Erle der Heimat mit all ihrem Laub,*

## PORT[1]

Guéri/e-meurtri/e[2] : où,
si tu étais comme moi, bourlinguant
— valdingué en tous sens rêvé
par des cols[3] de flacons de schnaps à la
table des putains

— lance comme il faut
les dés[4] de mon bonheur, Toison de mer[5],
pelle un bon tas de la vague qui me porte, Noir-juron,
fraie-toi la route
dans le ventre le plus brûlant,
Plume-chagrin de glace —,

où
ne
viendrais-tu pas t'allonger avec moi, et même
sur les bancs
chez la mère Clausen, elle
sait bien pardi combien de fois je t'ai
fait monter tout mon chant jusqu'en la gorge, heidideldu,
comme l'aulne bleu myrtille
du pays avec tout son feuillage,

*heidudeldi,*
*du, wie die*
*Astralflöte von*
*jenseits des Weltgrats — auch da*
*schwammen wir, Nacktnackte, schwammen,*
*den Abgrundvers auf*
*brandroter Stirn — unverglüht grub*
*sich das tief-*
*innen flutende Gold*
*seine Wege nach oben —,*

*hier,*
*mit bewimperten Segeln,*
*fuhr auch Erinnrung vorbei, langsam*
*sprangen die Brände hinüber, ab-*
*getrennt, du,*
*abgetrennt auf*
*den beiden blau-*
*schwarzen Gedächtnis-*
*schuten,*
*doch angetrieben auch jetzt*
*vom Tausend-*
*arm, mit dem ich dich hielt,*
*kreuzen, an Sternwurf-Kaschemmen vorbei,*
*unsre immer noch trunknen, trinkenden,*
*nebenweltlichen Münder — ich nenne nur sie —,*

*bis drüben am zeitgrünen Uhrturm*
*die Netz-, die Ziffernhaut lautlos*
*sich ablöst — ein Wahndock,*
*schwimmend, davor*
*abweltweiß die*
*Buchstaben der*

heidudeldi,
tu m'entends,
comme la flûte astrale
de par-delà la crête du monde — là aussi
nous avons nagé[6], nus de nus, nagé,
avec le vers d'abîme sur
le front écarlate — l'or
toujours embrasé dedans à flux
profond se creusait
ses passages vers le haut —,

ici,
voilure toute parée de cils,
un souvenir aussi est passé, lentement
les flammes ont sauté sur l'autre bord, et sé-
parées, entends-tu,
séparées sur les deux
gabarres de mémoire
bleu-noires,
mais aujourd'hui encore poussées
par le mille-bras
dans lequel je te tenais,
naviguent, longeant des bouges au Jet d'Étoile[7],
nos bouches toujours ivres-abreuvées, et buvantes,
et d'un monde à côté — pour ne parler que d'elles —,

jusqu'à ce que là-bas, à l'horloge du clocher vert de temps
la rétine, la peau-cadran sans un bruit
se décolle — dock de délire,
flottant, devant lequel
blanches-monde de
rebut, les lettres

*Großkräne einen*
*Unnamen schreiben, an dem*
*klettert sie hoch, zum Todessprung, die*
*Laufkatze Leben,*
*den*
*baggern die sinn-*
*gierigen Sätze nach Mitternacht aus,*
*nach ihm*
*wirft die neptunische Sünde ihr korn-*
*schnapsfarbenes Schleppseil,*
*zwischen*
*zwölf-*
*tonigen Liebeslautbojen*
*— Ziehbrunnenwinde damals, mit dir*
*singt es im nicht mehr*
*binnenländischen Chor —*
*kommen die Leuchtfeuerschiffe getanzt,*
*weither, aus Odessa,*

*die Tiefklademarke,*
*die mit uns sinkt, unsrer Last treu,*
*eulenspiegelt das alles*
*hinunter, hinauf und — warum nicht ?* wundgeheilt, wo-,
wenn —
*herbei und vorbei und herbei.*

des grandes grues écrivent un
antinom[8], c'est sur lui
que grimpe tout là-haut, pour le saut de la mort, le
chat courant[9], le palan mobile existence,
c'est lui
qu'après minuit la pelleteuse
des phrases assoiffées de
sens excave entièrement,
c'est vers lui
que le péché neptunien lance
son câble de remorque couleur de schnaps,
au milieu des bouées sonores d'amour dodéca-
phonique
— poulie de puits, jadis, c'est avec toi
que ça chante
dans le chœur qui n'est plus continental —
arrivent les bateaux-phares en dansant,
de très loin, d'Odessa,

la marque de flottaison basse[10]
qui s'enfonce avec nous, fidèle à notre chargement,
nous mire-espiègle[11] tout ça
vers le fond, vers le haut et — pourquoi pas ? *guéri-meur-
tri, où, si* —
vers nous et loin de nous et vers nous.

*Landschaft mit Urnenwesen.*
*Gespräche*
*von Rauchmund zu Rauchmund.*

*Sie essen :*
*die Tollhäusler-Trüffel, ein Stück*
*unvergrabner Poesie,*
*fand Zunge und Zahn.*

*Eine Träne rollt in ihr Auge zurück.*

*Die linke, verwaiste*
*Hälfte der Pilger-*
*muschel — sie schenkten sie dir,*
*dann banden sie dich —*
*leuchtet lauschend den Raum aus :*

*das Klinkerspiel gegen den Tod*
*kann beginnen.*

PAYSAGE[1] avec des êtres d'urne.
Dialogues
de bouche de fumée à bouche de fumée.

Elles mangent :
la truffe des pensionnaires de la maison de fous, morceau de poésie non ensevelie,
a trouvé la langue et la dent.

Une larme reflue dans leur œil.

La moitié gauche, orpheline
de la coquille
des pèlerins — ils te l'ont offerte,
puis ils t'ont attaché —
illumine tout l'espace et le sonde d'écoute :

la partie de clinquantes[2] avec la mort
peut commencer.

*DIE GAUKLERTROMMEL,*
*von meinem Herzgroschen laut.*

*Die Sprossen der Leiter, über*
*die Odysseus, mein Affe, nach Ithaka klettert,*
*rue de Longchamp, eine Stunde*
*nach dem verschütteten Wein :*

*tu das zum Bild,*
*das uns heimwürfelt in*
*den Becher, in dem ich bei dir lieg,*
*unausspielbar.*

LE TAMBOUR DE BATELEUR[1]
qui résonne du sou de mon cœur.

Les barreaux de l'échelle, par où
Ulysse, mon singe, grimpe vers Ithaque,
rue de Longchamp, une heure
après le vin renversé :

fais de ça l'image
qui relancera nos dés chez nous dans
le cornet, où je suis couché près de toi,
non-jouable[2].

## *IN PRAG*

*Der halbe Tod,*
*großgesäugt mit unserm Leben,*
*lag aschenbildwahr um uns her —*

*auch wir*
*tranken noch immer, seelenverkreuzt, zwei Degen,*
*an Himmelssteine genäht, wortblutgeboren*
*im Nachtbett,*

*größer und größer*
*wuchsen wir durcheinander, es gab*
*keinen Namen mehr für*
*das, was uns trieb (einer der Wieviel-*
*unddreißig*
*war mein lebendiger Schatten,*
*der die Wahnstiege hochklomm zu dir ?),*

*ein Turm,*
*baute der Halbe sich ins Wohin,*
*ein Hradschin*
*aus lauter Goldmacher-Nein,*

## À PRAGUE[1]

La moitié de mort,
allaitée avec notre vie,
était là tout autour de nous vraie d'image de cendres —

nous aussi
nous buvions encore, entrecroisés d'âme, deux dagues,
cousus à des pierres de ciel, nés de sang de mot
dans le lit de nuit,

nous avons grandi et grandi
de plus en plus l'un au travers de l'autre, il n'y avait
plus de nom pour
ce qui nous poussait (l'une des trente
et combien
était-elle, mon ombre vivante,
qui grimpait l'escalier de délire jusqu'à toi ?),

haute tour,
l'À-moitié s'allait construire dans le vers où,
Hradschin[2]
de pur Non-de faiseur d'or[3],

*Knochen-Hebräisch,*
*zu Sperma zermahlen,*
*rann durch die Sanduhr,*
*die wir durchschwammen, zwei Träume jetzt, läutend*
*wider die Zeit, auf den Plätzen.*

un hébreu d'os[4],
moulu en sperme,
s'écoulait dans le sablier[5]
que nous traversions à la nage, deux rêves maintenant, sonnant
contre le temps[6], sur les places.

*Aschenglorie hinter*
*deinen erschüttert-verknoteten*
*Händen am Dreiweg.*

*Pontisches Einstmals : hier,*
*ein Tropfen,*
*auf*
*dem ertrunkenen Ruderblatt,*
*tief*
*im versteinerten Schwur,*
*rauscht es auf.*

*(Auf dem senkrechten*
*Atemseil, damals,*
*höher als oben,*
*zwischen zwei Schmerzknoten, während*
*der blanke*
*Tatarenmond zu uns heraufklomm,*
*grub ich mich in dich und in dich.)*

*Aschen-*
*glorie hinter*

GLOIRE DE CENDRES[1] derrière
tes mains nouées-ébranlées
au trois-chemins.

Naguère[2] Pontique : ici,
simple goutte,
sur
la pale d'aviron noyée,
tout au fond
du serment pétrifié,
on entend soudain sa rumeur.

(Sur la corde de souffle
verticale, autrefois,
plus haute qu'en haut,
entre deux nœuds de douleur, tandis
que la luisante
Lune des Tatares[3] grimpait vers nous,
je me suis affouillé en toi et en toi.)

Gloire de
cendres

*euch Dreiweg-*
*Händen.*

*Das vor euch, vom Osten her, Hin-*
*gewürfelte, furchtbar.*

*Niemand*
*zeugt für den*
*Zeugen.*

derrière vous mains
de trois-chemins.

Les dés jetés, de l'Est, avant et
devant vous, terribles.

Personne
ne témoigne pour le
témoin.

CELLO-EINSATZ
*von hinter dem Schmerz :*

*die Gewalten, nach Gegen-*
*himmeln gestaffelt,*
*wälzen Undeutbares vor*
*Einflugschneise und Einfahrt,*

*der*
*erklommene Abend*
*steht voller Lungengeäst,*

*zwei*
*Brandwolken Atem*
*graben im Buch,*
*das der Schläfenlärm aufschlug,*

*etwas wird wahr,*

*zwölfmal erglüht*
*das von Pfeilen getroffene Drüben,*

ATTAQUE DE VIOLONCELLE[1]
de derrière la douleur :

les forces, vers des contre-
cieux étagées,
roulent de l'ininterprétable devant
couloir d'atterrissage et entrée,

le
soir escaladé
se dresse empli de ramure pulmonaire,

deux
nuages-incendies de souffle
creusent dans le livre
que le bruit des tempes a ouvert,

quelque chose devient vrai,

douze fois rougeoie le
Là-bas touché par des flèches,

*die Schwarz-*
*blütige trinkt*
*des Schwarzblütigen Samen,*

*alles ist weniger, als*
*es ist,*
*alles ist mehr.*

la sang-
noir boit
la semence du sang-noir,

tout est moins qu'il
n'est,
tout est plus.

## FRIHED

*Im Haus zum gedoppelten Wahn,*
*wo die Steinboote fliegen*
*überm*
*Weißkönigs-Pier, den Geheimnissen zu,*
*wo das endlich*
*abgenabelte*
*Orlog-Wort kreuzt,*

*bin ich, von Schilfmark Genährte,*
*in dir, auf*
*Wildenten-Teichen,*

*ich singe —*

*was sing ich?*

*Der Mantel*
*des Saboteurs*
*mit den roten, den weißen*
*Kreisen um die*
*Einschuß-*
*stellen*

# FRIHED[1]

Dans la maison au délire redoublé[2],
où les bateaux de pierre volent
par-dessus
la jetée du Roi blanc, à la rencontre des secrets,
où croise le mot-Orlog[3]
enfin
libéré du cordon,

je suis, Nourrie de moelle de roseau[4],
en toi, sur
des étangs de canards sauvages,

je chante[5] —

qu'est-ce que je chante ?

Le manteau
du saboteur
avec les cercles rouges, les
cercles blancs[6] autour
des impacts
des coups de feu

*— durch sie*
*erblickst du das mit uns fahrende*
*frei-*
*sternige Oben —*
*deckt uns jetzt zu,*

*der Grünspan-Adel vom Kai,*
*mit seinen Backstein-Gedanken*
*rund um die Stirn,*
*häuft den Geist rings, den Gischt,*

*schnell*
*verblühn die Geräusche*
*diesseits und jenseits der Trauer,*

*die näher-*
*segelnde*
*Eiterzacke der Krone*
*in eines Schief-*
*geborenen Aug*
*dichtet*
*dänisch.*

— à travers eux
tu aperçois naviguant avec nous
le Là-haut libre-
étoilé —
nous recouvre maintenant,

la noblesse vert-de-gris du quai,
avec ses pensées de brique cuite
qui lui cernent le front,
empile l'esprit tout autour, l'écume[7],

bien vite
les bruits défleurissent
de ce côté et au-delà du deuil,

cinglant[8]
plus près
la dent de pus de la couronne[9]
dans l'œil
d'un être né de travers
fait de la poésie
en danois.

## *GIVE THE WORD*

*Ins Hirn gehaun — halb ? zu drei Vierteln ? —,*
*gibst du, genächtet, die Parolen — diese :*

*»Tatarenpfeile« .*
*»Kunstbrei« .*
*»Atem« .*

*Es kommen alle, keiner fehlt und keine.*
*(Sipheten und Probyllen sind dabei.)*

*Es kommt ein Mensch.*

*Weltapfelgroß die Träne neben dir,*
*durchrauscht, durchfahren*
*von Antwort,*
*Antwort,*
*Antwort.*
*Durcheist — von wem ?*

*»Passiert« , sagst du,*
*»passiert« ,*
*»passiert« .*

## GIVE THE WORD[1]

La cervelle entaillée[2] — à moitié ? aux trois quarts ? —,
tu donnes, obscurci de nuit[3], les formules[4] — celles-ci :

« Flèches des Tatares. »
« Bouillie d'art. »
« Souffle[5]. »

Tous viennent, il ne manque ni les uns, ni les unes.
(Siphètes et Probylles[6] sont là.)

Vient un homme.

Grosse comme la pomme terrestre la larme à côté de toi,
parcourue de rumeur, traversée
de réponse,
réponse,
réponse.
Gelée de part en part — par qui ?

« Passez », dis-tu,
« passez »,
« passez[7]. »

*Der stille Aussatz löst sich dir vom Gaumen*
*und fächelt deiner Zunge Licht zu,*
*Licht.*

La lèpre[8] silencieuse se décolle de ton palais,
éventail caressant ta langue de lumière,
de lumière.

*SCHLICKENDE, dann*
*krautige Stille der Ufer.*

*Die eine Schleuse noch. Am*
*Warzenturm, mit*
*Brackigem übergossen,*
*mündest du ein.*

*Vor dir, in*
*den rudernden Riesensporangien,*
*sichelt, als keuchten dort Worte,*
*ein Glanz.*

SILENCE DES VASIÈRES[1], puis
de l'herbe des berges.

Cette écluse encore. À la
tour au bourgeon, aspergé
de saumâtre,
tu t'embouches[2].

Devant toi, dans
les sporanges[3] géants rameurs,
siffle, comme si ahanaient[4] là des mots, la faucille
d'une brillance.

*Der mit Himmeln geheizte*
*Feuerriß durch die Welt.*

*Die Wer da ?-Rufe*
*in seinem Innern :*

*durch dich hier hindurch*
*auf den Schild*
*der Ewigen Wanze gespiegelt,*
*umschnüffelt von Falsch und Verstört,*

*die unendliche Schleife ziehend, trotzdem,*
*die schiffbar bleibt für die un-*
*getreidelte Antwort.*

LA DÉCHIRURE DE FEU CHAUFFÉE[1]
avec des ciels à travers le monde.

Les Qui est-là ? criés
à l'intérieur d'elle :

reflétés ici à travers toi
sur l'écusson
de la Punaise Éternelle,
partout reniflés par Faux et Détraqué,

tirant la boucle[2] infinie, malgré tout,
qui demeure navigable pour la réponse non-
tirée par les haleurs.

# ANNEXES

# CHRONOLOGIE

1920. *23 novembre* : naissance de Paul Pessach Antschel à Czernowitz, en Bucovine, enfant unique de Friederike Schrager et de Leo Antschel Teitler.

1926-1938. Scolarité dans une école allemande (1926-1927), une école hébraïque (1927-1930) et un lycée roumain. *Juin 1938* : baccalauréat.

1938-1939. Paul Antschel commence des études de médecine à l'École de Médecine de Tours. *Juin 1939* : reçu à l'examen de première année (P.C.B.). Rencontres avec des réfugiés républicains espagnols. Premiers poèmes.

1939. La Bucovine, en vertu du pacte germano-soviétique, est annexée à l'Ukraine. Commence des études de « romanistique » à l'université de Czernowitz.

1940. *28 juin* : l'Armée Rouge entre dans Czernowitz. Elle y restera un an. L'université, jusqu'alors encore roumaine, passe sous régime soviétique. À l'automne, Paul Celan commence des études de russe à l'université russo-ukrainienne de Czernowitz (premières lectures et traductions de Sergeï Iessenine).

1941. *22 juin* : offensive des armées hitlériennes dans la région. Retrait des Soviétiques. Retour des troupes roumaines. Création d'un ghetto à Czernowitz.

1942-1944. *Juin 1942* : déportation des parents de Paul Antschel au camp de Michailovka en Ukraine. Son père meurt du typhus. Sa mère meurt quelques mois plus tard, vraisemblablement exécutée. Paul Antschel est enrôlé dans un camp de travail forcé à Tabaresti en Valachie.

1944. Après le retour victorieux des Soviétiques dans la région, Paul Antschel reprend ses études (d'anglais) à l'université russo-ukrainienne de Czernowitz.
*Avril* : aide sanitaire dans une clinique psychiatrique.

1945. *Avril* : départ (définitif) de Czernowitz pour Bucarest.

1945-1947. Lecteur et traducteur (russo-roumain) aux éditions « Cartea rusa » (Le livre russe) à Bucarest.
1946 : traduction en roumain d'œuvres de Tchekhov, Simonov, Lermontov.

1947. Première publication — sous le pseudonyme de Celan — de poèmes dans une revue de Bucarest (*Das Gastmahl, Das Geheimnis der Farne, Ein wasserfarbenes Wild*), ainsi que d'une traduction en roumain par Petre Solomon de la *Todesfuge* (*Tangoul mortii*).
*Décembre* : départ pour Vienne. Il y reste six mois. Rencontre Ingeborg Bachmann.

1948. *Juillet* : départ pour Paris, via Innsbruck. La revue *Plan* publie dix-sept poèmes, repris dans un volume intitulé **Der Sand aus den Urnen** (*Le Sable des urnes*) dont Paul Celan interdira depuis Paris la diffusion.

1949. Inscription en licence d'allemand à la Sorbonne. Traductions de Cocteau, Apollinaire. À la demande d'Yvan Goll (1891-1950), Paul Celan traduit en allemand plusieurs recueils de poèmes français de ce dernier.

1950. *Juillet* : après le succès à la licence d'allemand, inscription au Diplôme d'Études Supérieures (sur Kafka). Ce projet est abandonné en 1952.

1952. *Mai* : première lecture publique de poèmes en Allemagne, devant le Groupe 47 à Niendorf.
*23 décembre* : mariage avec Gisèle de Lestrange, peintre, et plus tard graveur.

Parution du recueil **Mohn und Gedächtnis** (*Pavot et mémoire*).

1953. *7 octobre* : naissance d'un premier fils, François, qui meurt le lendemain. Début de la campagne de diffamation de Claire Goll.

1954. Traductions de Cioran et de Picasso.

1955. Parution à Stuttgart du recueil **Von Schwelle zu Schwelle** (*De seuil en seuil*), qui porte la dédicace « Pour Gisèle » (*Für Gisele*).
*6 juin* : naissance du second fils, Eric.
Obtention de la nationalité française.

1956. Traduction du commentaire écrit par Jean Cayrol pour le film d'Alain Resnais *Nuit et brouillard*. Traduction de sept poèmes de Pessoa.
Prix de littérature de la Confédération de l'Industrie Allemande.

1957. *Février* : lecture à Brême.
*Juin* : lecture à Stuttgart.

1958. Grand Prix de littérature de la Ville de Brême.
Traduction du *Bateau ivre* de Rimbaud, de *Les douze* d'Alexandre Blok. Début du travail sur Mandelstam.

1959. Parution du recueil **Sprachgitter** (*Grille de parole*) à Francfort.
*Août* : séjour en Engadine. Rédaction du *Gespräch im Gebirg* (*Dialogue dans la montagne*), publié en 1960.
Traduction d'un choix de poèmes de Mandelstam.
*Septembre* : nommé lecteur d'allemand à l'École Normale Supérieure (rue d'Ulm, Paris).

1960. Traduit *La Jeune Parque* de Valéry.
Au printemps, Claire Goll, veuve d'Yvan Goll, lance dans la revue *Baubudenpoet* une campagne publique de diffamation contre Celan, pressenti pour le prix Büchner. Elle l'accuse notamment d'avoir plagié l'œuvre d'Yvan Goll.
*Mai* : rencontre Nelly Sachs à Zurich.
*22 octobre* : Celan reçoit le prix Büchner à Darmstadt.

Prononce en cette circonstance le discours intitulé *Der Meridian* (*Le Méridien*).

1961. Traduction d'un choix de poèmes de Sergeï Iessenine.

1962. Travaille un mois (en octobre) comme traducteur au Bureau International du Travail à Genève.

1963. Parution du recueil **Die Niemandsrose** (*La Rose de personne*) à Francfort.

1964. Grand Prix des Arts du Land de Rhénanie-Westphalie.

1965. *23 septembre* : parution à Paris du cycle **Atemkristall** (« Cristal de souffle », premier cycle du recueil *Atemwende*) avec huit gravures de Gisèle Celan-Lestrange.

1966. *Octobre* : lecture à Hambourg de traductions de Blok et Michaux.

Lecture de poèmes à Zurich.

1967. Après une grave crise psychique au début de l'année, suivie d'un long séjour en clinique, Paul Celan quitte son domicile de la rue de Longchamp. Il s'installe, seul, fin novembre, dans un petit studio de la rue Tournefort (5e arrondissement).

*24-25 juillet* : lecture de poèmes à Fribourg, puis rencontre avec Martin Heidegger à Todtnauberg.

Parution du recueil **Atemwende** (*Renverse du souffle*) à Francfort-sur-le-Main.

*Octobre* : lecture de poèmes à Francfort.

*Décembre* : séjour et lectures à Berlin.

Traduction de vingt et un sonnets de Shakespeare aux éditions Fischer.

1968. 12 janvier : parution à Paris de *Todtnauberg* (poème écrit à Francfort le 1er août 1967, après la rencontre avec Martin Heidegger).

*Avril* : séjour à Londres chez sa tante Berta Antschel.

*Mai-juin* : « événements de 1968 ».

*Juillet* : lectures de poèmes à Kiel, Fribourg, Tübingen.

Parution de **Fadensonnen** (*Soleils-filaments*) à Francfort.

Traductions de Du Bouchet, Supervielle, Ungaretti.

Entre au comité de rédaction de la revue *L'Éphémère*.

Parution de *Ausgewählte Gedichte* à Francfort-sur-le-Main.

1969. *19 mars* : Parution de **Schwarzmaut** (*Péage noir*, quatorze poèmes qui constitueront le premier cycle de *Lichtzwang*) avec quinze gravures de Gisèle Celan-Lestrange.

*Mai-juin* : lectures à Braunschweig, Kiel.

*Juillet* : lecture à Bonn de traductions de Rimbaud, Mandelstam, Michaux.

*30 septembre-17 octobre* : voyage et séjour en Israël, à l'invitation de l'Association des Écrivains Israéliens.

*Novembre* : s'installe avenue Émile-Zola (15e arrondissement).

1970. *21 mars* : lecture de poèmes devant les membres de la Société Hölderlin à Stuttgart

*26 mars* : lecture (privée) à Fribourg (en présence de Heidegger).

*Avril* : Celan se donne la mort en se jetant dans la Seine, sans doute du pont Mirabeau. Le 13 avril il avait daté un dernier poème : *Rebleute*.

*1er mai* : le corps de Paul Celan est découvert dans la Seine, à 10 km de Paris.

*12 mai* : enterré au cimetière de Thiais.

1970. *Juin* : **Lichtzwang** (*Contrainte de lumière*), dont Paul Celan avait prévu et préparé la publication.

1971. **Schneepart** (*Partie de neige*).

1976. **Zeitgehöft** (*Enclos du temps*).

1997. **Gedichte aus dem Nachlass** (Poèmes du fonds posthume).

# BIBLIOGRAPHIE

Ouvrages de bibliographie :

Jerry Glenn : *Paul Celan. Eine Bibliographie*, Wiesbaden, 1989.
Christiane Bohrer : *Paul Celan-Bibliographie*, P. Lang, Berne, 1989.

## ŒUVRES EN ALLEMAND :

La principale édition des œuvres de Paul Celan :

*Gesammelte Werke* (5 vol.), éd. Beda Allemann et Stefan Reichert avec la collab. de Rolf Bücher, Suhrkamp, Francfort-sur-le-Main, 1983.

Deux éditions scientifiques parallèles sont en cours d'édition chez le même éditeur. Elles exploitent le fonds manuscrit.

L'œuvre de jeunesse :

Paul Celan : *Das Frühwerk*, éd. Barbara Wiedemann, Francfort-sur-le-Main, 1989.

Le fonds posthume :

Paul Celan : *Die Gedichte aus dem Nachlass*, éd. Bertrand Badiou, Jean-Claude Rambach et Barbara Wiedemann, Francfort-sur-le-Main, 1997.

Paul Celan, Gisèle Celan-Lestrange : *Correspondance* (en français), éd. Bertrand Badiou avec le concours d'Eric Celan, 2 vol., Le Seuil, Paris, 2001.

Les correspondances complètes avec Nelly Sachs et Franz Wurm ont été publiées respectivement en 1993 et 1995 chez Suhrkamp Verlag, Francfort-sur-le-Main (Barbara Wiedemann éditeur). Voir aussi *Paul Celan – Die Goll-Affäre* (B. Wiedemann éd.), Francfort-sur-le-Main, 2001.

## TRADUCTIONS FRANÇAISES :

(Nous ne mentionnons ici que les traductions de volumes complets. De très nombreux poèmes sont traduits dans des revues depuis 1953. Les ouvrages de bibliographie les répertorient.)

*Strette. Poèmes*, suivis du *Méridien* et d'*Entretien dans la montagne*, traduction par André du Bouchet, Jean Daive, Jean-Pierre Burgart et John E. Jackson, Mercure de France, Paris, 1971.

*Poèmes*, traduction par André du Bouchet, Clivages, Paris, 1978 ; rééd. Mercure de France, 1986, éd. bilingue.

*Pavot et mémoire*, édition bilingue, traduction de Valérie Briet, Christian Bourgois, Paris, 1987.

*Strette et autres poèmes*, édition bilingue, traduction de Jean Daive, Mercure de France, Paris, 1990.

*De seuil en seuil*, édition bilingue, traduction de Valérie Briet, Christian Bourgois, Paris, 1991.

*Grille de parole*, édition bilingue, traduction de Martine Broda, Christian Bourgois, Paris, 1991.

*La Rose de personne*, édition bilingue, traduction de Martine Broda et Marc Petit, Le Nouveau Commerce, Paris, 1979.

*Enclos du temps*, édition bilingue, traduction de Martine Broda, Clivages, Paris, 1985.
*Contrainte de lumière*, édition bilingue, traduction de Bertrand Badiou et Jean-Claude Rambach, Belin, Paris, 1989.
*L'Entretien dans la montagne*, traduction de Stéphane Moses, Chandeigne éd., Paris, 1989.

ÉTUDES ET DOCUMENTS :

*Über Paul Celan*, éd. Dietlind Meinecke, Suhrkamp, Francfort-sur-le-Main, 1970.
Numéro spécial de la revue *Études Germaniques*, Didier éditeur, Paris, 1970.
Catalogue de l'exposition du Deutsches Literaturarchiv à Marbach, « *Fremde Nähe* ». *Celan als Übersetzer*, Marbach am Neckar, 1997. Cet ouvrage consacré à Celan traducteur comporte une importante partie biographique.
Martine Broda : *Dans la main de personne. Essai sur Paul Celan*, éd. du Cerf, Paris, 1986.
Otto Pöggeler : *Spur des Wortes. Zur Lyrik Paul Celans*, Verlag Karl Alber, Fribourg/Munich, 1986.
Jacques Derrida : *Schibboleth pour Paul Celan*, Galilée, Paris, 1986.
Martine Broda : *Contre-jour. Études sur Paul Celan*, éd. du Cerf, Paris, 1987.
Israel Chalfen : *Paul Celan. Biographie de jeunesse*, traduction de Jean-Baptiste Scherrer, Plon, Paris, 1989. (Malgré quelques inexactitudes, cet ouvrage, publié en 1979, est la seule introduction biographique à Paul Celan.)
Peter H. Neumann : *Zur Lyrik Paul Celans*, Vandenhoek & Ruprecht, Göttingen, 1968/1990.
Thomas Sparr : *Celans Poetik des hermetischen Gedichts*, C. Winter Verlag, Heidelberg, 1989.
Ralf Zschachlitz : *Vermittelte Unmittelbarkeit im Gegenwort. Paul Celans kritische Poetik*, P. Lang Verlag, Berne, 1990.
*Sur quatre poèmes de Paul Celan. Une lecture à plusieurs* (par Jean

Bollack, Jean-Marie Winkler, Werner Wögerbauer), *Revue des Sciences humaines*, n° 223, Lille, 1991.

*Kommentar zu Paul Celans « Die Niemandsrose »*, éd. Jürgen Lehmann avec la collab. de Christine Ivanovic, C. Winter Verlag, Heidelberg, 1997. (Commentaire systématique de tous les poèmes du cycle *Die Niemandsrose*.)

Joachim Seng : *Auf den Kreis-Wegen der Dichtung*, C. Winter Verlag, Heidelberg, 1998. (Étude consacrée à la composition des cycles.)

Une revue annuelle :

*Celan Jahrbuch*, édité par Hans Michael Speier, C. Winter Verlag, Heidelberg. Paraît depuis 1987. Sept volumes parus à ce jour. Les volumes comportent, outre des études, une mise à jour régulière de la bibliographie de Christiane Bohrer, notamment des articles parus sur les différents poèmes.

Parmi les nombreux auteurs d'articles parus sur Paul Celan depuis 1970, on signalera notamment Jean Bollack, Yves Bonnefoy, Bernard Böschenstein, Michel Deguy, Jean Greisch, Peter Szondi.

## NOTE SUR LA PRÉSENTE ÉDITION

Le choix de poèmes traduits dans ce volume correspond intégralement au recueil composé par Paul Celan pour les éditions Suhrkamp en 1968. À la demande de l'éditeur, ce volume comportait en outre deux textes de prose : le discours de réception du Prix de littérature de la ville de Brême et le discours prononcé à l'occasion de la remise du Prix Georg Büchner, intitulé *Der Meridian* (*Le Méridien*). Ces textes étaient suivis d'une brève postface de Beda Allemann (p. 151-163), dont le contenu avait fait l'objet d'entretiens avec Paul Celan. Cette postface est construite sur le commentaire d'un poème de *Von Schwelle zu Schwelle* : *Sprich auch du* (Toi aussi, parle).

Nous joignons à ces poèmes un dossier de documents qui peuvent éclairer le lecteur sur la conception que se faisait Paul Celan de la traduction en français de sa propre poésie. Il s'agit du contenu de deux liasses de manuscrits de travail sur des poèmes traduits en 1955 par Denise Naville et, la même année, par Jean-Pierre Wilhelm.

Je remercie très particulièrement Bertrand Badiou et Eric Celan pour l'aide constante qu'ils m'ont apportée dans l'élaboration de cette édition.

# DOSSIER DE TRADUCTIONS

Le dossier reproduit ci-après est extrait, d'une part, d'une liasse de poèmes traduits par Denise Naville (datée du 24 avril 1955) et revus par Celan avant la publication (qui est intervenue dans un numéro spécial des *Lettres Nouvelles* [*Écrivains allemands d'aujourd'hui*], décembre 1965-janvier 1966), et par ailleurs d'une liasse de poèmes traduits par Jean-Pierre Wilhelm, également en 1955, revus par Celan et publiés la même année dans le n° 334 des *Cahiers du Sud*. Toutes les traductions qui figurent dans les archives de Paul Celan n'ont pas été publiées. Dans la liasse Naville[1], les poèmes *Argumentum e silentio* et *Nachtstrahl* sont restés inédits. Celan ne les a pratiquement pas remaniés : le premier est extrait de *Von Schwelle zu Schwelle*, le second des poèmes de *Der Sand aus den Urnen* repris dans *Mohn und Gedächtnis*. De même, dans la liasse de traductions de Wilhelm[2], les poèmes *Schibboleth* et *In memoriam Paul Éluard*, qui font partie, comme les autres, du recueil *Von Schwelle zu Schwelle*, n'ont pas été publiés dans les *Cahiers du Sud*.

1. Ce dossier, daté d'avril 1955, comprend : *Nachtstrahl, Lob der Ferne, Spät und tief, Corona, Vom Blau..., Wer wie du alle Tauben..., So schlafe..., Argumentum e silentio*. Celan a rétabli l'ordre des poèmes tel qu'il figure dans le recueil, alors que Denise Naville avait inversé celui de *So schlafe...* et *Wer wie du...* Nous en avons ôté *Argumentum e silentio*, qui ne comporte aucune correction de la main de Celan.

2. Ce dossier, daté de décembre 1955, comprend : *Abend der Worte, Andenken, Nächtlich geschürzt, In Memoriam Paul Éluard, Schibboleth, Argumentum e silentio*. Nous en avons ôté *In Memoriam Paul Éluard*, qui ne comporte aucune correction de la main de Celan.

Un certain nombre de ces titres ont été retenus par Paul Celan dans l'anthologie Suhrkamp de 1968 ; nous n'en avons donc pas reproduit ici la version originale. Le plus souvent le dossier comporte plusieurs phases de travail, que nous publions ou dont nous signalons en note, quand elles sont peu nombreuses, les variations. Il est possible que quelques manuscrits intermédiaires soient ici absents ; et par ailleurs, cette collaboration inclut peut-être des échanges oraux, directs ou téléphoniques. Denise Naville était notamment la traductrice de la correspondance de Hölderlin. Jean-Pierre Wilhelm, originaire de Düsseldorf, était de nationalité allemande, mais avait émigré très tôt en France pour fuir les persécutions antisémites, et vivait à Paris. De retour à Düsseldorf à la fin des années 1950, il y fonda la « Galerie 22 », qui devint rapidement un haut lieu de l'art « informel ».

Tous ces documents sont publiés avec l'aimable autorisation du *Literatur-Archiv* de Marbach (R.F.A.). Nous remercions M. Jochen Meyer, responsable du département des manuscrits, pour son assistance dans la constitution du dossier, ainsi que les ayants droit de Denise Naville et Jean-Pierre Wilhelm, Mmes Violette Naville et Erika Wilton.

*Dossier Denise Naville*

## NACHTSTRAHL

*Am lichtesten brannte das Haar meiner Abendgeliebten :*
*ihr schick ich den Sarg aus dem leichtesten Holz.*
*Er ist wellenumwogt wie das Bett unsrer Träume in Rom.*
*Er trägt eine weiße Perücke wie ich und spricht heiser :*
*er redet wie ich, wenn ich Einlaß gewähre den Herzen.*
*Er weiß ein französisches Lied von der Liebe, das sang ich im Herbst,*
*als ich weilte auf Reisen in Spätland und Briefe schrieb an den Morgen.*

*Ein schöner Kahn ist der Sarg, geschnitzt im Gehölz der Gefühle.*
*Auch ich fuhr blutabwärts mit ihm, als ich jünger war als dein Aug.*
*Nun bist du jung wie ein toter Vogel im Märzschnee,*
*nun kommt er zu dir und singt sein französisches Lied.*
*Ihr seid leicht : ihr schlaft meinen Frühling zu Ende.*
*Ich bin leichter :*
*ich singe vor Fremden.*

Paul CELAN

Rayon de nuit

~~Fusée Nocturne.~~

De feu sont les cheveux de mon amie du soir;

je lui dédie le cercueil  du plus léger des bois.

La houle le berce, comme il berçait à Rome le lit de nos rêves;

sa perruque est blanche comme la mienne et sa voix enrouée:

il parle comme je fais quand je livre mon coeur.

Il connaît en français une chanson d'amour que je chantais l'automne,

au cours de voyages en pays tardifs, adressant des lettres au matin.

Le cercueil, sculpté dans la boiserie des sens,

barque où je descendais le cours de mon sang quand j'étais plus jeune que ton oeil.

A présent ~~tu ressembles à l'oiseau qui mourut un matin de mars dans le givre.~~

il va te voir à présent pour te chanter sa chanson française.

Vous êtes légers, car mon printemps s'achève en vos rêves.

Mais je le suis d'avantage:

je chante pour des étrangers.

(trad. Denise Naville)

(Arche, 577)

Paul CELAN

ELOGE DU LOINTAIN

Aux sources de tes yeux
vivent les filets des pêcheurs ~~en eau trouble.~~ de la mer Démente
Aux sources de tes yeux
la mer tient ses promesses.

C'est là que je ~~rejette.~~
coeur ~~qui connait les hommes~~, qui a séjourné parmi les humains,
mes ~~habits~~ et ~~le~~ feu d'un serment:
Plus noir dans le noir, je suis nu davantage.
~~Le reniement seul fait ma foi.~~ Dans la défection, je suis fidèle
Je suis ~~étant~~ moi ~~même~~, ~~toi~~.

Aux sources de tes yeux
je dérive, rêvant de rapine.
Un filet capta un filet :
nous nous séparons enlacés.

Aux sources de tes yeux
un pendu étrangle la corde.

(trad. Denise Naville)

abtrünnig – infidèle, révolté contre, rebelle à

abfallen * défectionner
abandonner qn
déserter le parti de qn
vom Glauben abfallen – renier sa foi
Abtrünnigkeit – défection

1.

Paul CELAN

ELOGE DU LOINTAIN

Aux sources de tes yeux
vivent les filets des pêcheurs de la Mer Démente.
Aux sources de tes yeux
la mer tient ses promesses.

C'est là que je jette,
coeur qui a séjourné parmi les humains,
mes vêtements
et me défais de l'éclat d'un serment:

Plus noir dans le noir, je suis nu davantage.
Apostat, ~~Dans la défection~~ je suis fidèle.
Je suis, étant moi-même, toi.

Aux sources de tes yeux
je dérive, rêvant de rapine.

Un filet capta un filet:
nous nous séparons enlacés.

Aux sources de tes yeux
un pendu étrangle la corde.

(Trad. Denise Naville)

## TARDIF ET PROFOND

La nuit et [est ?] haineuse ainsi que paroles d'or.
Nous mordons le fruit des êtres muets.
Nous faisons ce dont on charge son étoile ;
dans l'automne des platanes nous sommes la pourpre pensive des drapeaux,
les hôtes ardents du Midi.
Nous jurons au nom du Christ nouveau de marier la cendre à la cendre,
l'oiseau au soulier qui s'engage sur la route,
le cœur aux gradins dans l'eau.
Nous prêtons au monde serments sacrés des sables,
nous les prêtons bien volontiers,
nous les clamons du haut du sommeil sans rêve
en brandissant l'étoupe du temps...

Ils s'écrient : outrage !

Nous le savons fort bien.
Nous le savons fort bien, mais qu'importe ?
Dans les moulins à mort vous moulez le grain de l'Annonce,
destiné à nos frères, à nos sœurs —
Nous brandissons l'étoupe du temps.

Vous dites : quel outrage !
Nous le savons fort bien,
que vienne le mal qui accable.
Que le mal nous accable des signes de l'avertissement,
que vienne la mer gargouilleuse,
la furieuse bourrasque du retour,
qu'advienne ce qu'on n'a jamais vu !

Qu'un homme sorte du tombeau.

Tard, profondément

Paul CELAN

TARDIF ET PROFOND

Nuit maléfique ainsi que parole d'or.
Nous mordons le fruit des êtres muets.
Nous faisons ce dont on charge son étoile;
dans l'automne des platanes nous sommes la pourpre pensive des drapeaux,
les hôtes ardents du Midi.
Nous jurons au nom du Christ nouveau de marier la cendre à la cendre,
l'oiseau au soulier qui s'engage sur les routes,
le coeur aux gradins de l'eau.
Nous prêtons au monde serments sacrés des sables,
nous les prêtons bien volontiers, certes,
nous les clamons du haut du sommeil sans rêve
en brandissant l'étoupe du temps, chevelure.

Ils s'écrient : Outrage !

Nous le savons fort bien.
Nous le savons fort bien, mais qu'importe ?
Dans les moulins de mort vous broyez le grain de la promesse,
destiné à nos frères, à nos soeurs -
Nous brandissons l'étoupe du temps, chevelure...

Vous dites : Quel Outrage !
Nous le savons fort bien, que vienne la faute qui accable. sans nous.
Que la faute nous accable des signes de l'avertissement,
que vienne la mer gargouilleuse,
la bourrasque cuirassée de retour, rafale bardée de fer,
la journée de minuit, faite de minuits,
qu'advienne ce qui jamais ne fut.
Qu'un homme sorte du tombeau.
Que vienne un homme sorti du tombeau.

(trad. Denise Naville)

S. 31

90.1.2346/5

## TARD, PROFONDÉMENT

Méchante comme parole d'or débute cette nuit.
Nous mordons le fruit des muets.
Nous accomplissons ce qu'on remet volontiers à son étoile ;
dans l'automne de nos tilleuls nous nous tenons, pourpre songeuse de drapeau,
hôtes ardents arrivés d'un midi.
Nous jurons au nom de Christ, le Nouveau[1], de marier poussière et poussière,
de marier l'oiseau au soulier engagé sur les routes,
nos cœurs aux marches sous l'eau.
Nous prêtons au monde les serments sacrés des sables,
nous les prêtons, certes,
nous les clamons du haut du sommeil sans rêve
et agitons le temps, blanche chevelure…

Ils s'écrient : Outrage !

Nous le savons fort bien.
Nous le savons fort bien, mais qu'importe ?
Dans les moulins de la mort, vous broyez le grain de la promesse
et l'offrez à nos frères, à nos sœurs —

Nous agitons le temps, blanche chevelure.

Vous dites : Outrage !
Mais oui, que vienne la faute sur nous.
Que vienne sur nous la faute de ce qui fait signe et met en garde,
que vienne la mer gargouilleuse,
le retour, rafale bardée de fer,
la journée faite de minuits,
qu'advienne ce qui jamais ne fut !

Que vienne un homme sorti du tombeau.

1. Dans une version intermédiaire Celan corrige *Christ, le Nouveau*, en *Christ le Nouveau*.

## CORONA

L'automne me mange sa feuille dans la main.
Nous épluchons le temps et le faisons marcher ;
le temps s'en retourne dans sa coque.

C'est dimanche au miroir,
on sommeille quand on rêve,
la bouche dit la vérité.

Mon œil s'en va vers le sexe de l'aimée
et nous nous regardons ;
nous parlons d'obscur,
nous nous aimons comme s'aiment pavots et mémoire,
nous dormons comme vin en coquille,
comme la mer dort dans la lune sanguine.

De la rue on nous voit enlacés au carreau :
il est temps que l'on sache !
Il est temps que le galet consente à fleurir,
qu'un cœur batte pour l'inquiétude.
Il est temps qu'il soit temps.

Il est temps.

Paul CELAN

# CORONA

L'automne me mange sa feuille dans la main: nous sommes amis.
~~Nous enlevons le temps de sa coque pour le faire avancer;~~
le temps s'en retourne dans sa coque.

C'est dimanche au miroir,
~~on sommeille quand on rêve,~~
la bouche dit ~~la vérité.~~

Mon ~~regard~~ s'en va vers le sexe de l'aimée
~~et~~ nous nous ~~contemplons;~~
nous ~~parlons d'obscur,~~
nous nous aimons ~~comme~~ s'aiment pavots et mémoire,
nous dormons comme vin ~~en coquille,~~
comme la mer dort ~~dans la lune sanguine.~~

~~De la rue on nous voit enlacés au carreau:~~
il est temps que l'on sache !
Il est temps que ~~le galet~~ consente à fleurir,
qu'un coeur batte ~~pour l'inquiétude.~~
Il est temps qu'il soit temps.

Il est temps.

(trad. Denise Naville)

(Mohn
S. 33)

## CORONA

L'automne me mange sa feuille dans la main : nous sommes amis.
Dans les noix nous décortiquons le temps et lui apprenons à marcher ;
le temps s'en retourne dans son écorce.

Au miroir c'est dimanche,
dans le rêve on dort,
la bouche dit vrai.

Mon œil s'en va vers le sexe de l'aimée :
et nous nous regardons,
nous nous disons[1] du sombre[2],
nous nous aimons l'un l'autre, comme s'aiment pavots et mémoire,
nous dormons comme dort le vin au creux des coquillages,
comme la mer dort dans le sang jailli de la lune.

Nous voici, enlacés, à la fenêtre, ils nous regardent de la rue :
il est temps que l'on sache !
Il est temps que la pierre consente à fleurir,
qu'un cœur batte à ce qui a[3] ni repos, ni cesse.
Il est temps qu'il soit temps.

Il est temps.

1. Modifié dans la version publiée en *nous parlons*. Le reste de la version publiée correspond à ce dactylogramme.

2. Corrigé sur le dactylogramme par Paul Celan : *du Sombre* devient *de l'obscur*.

3. Corrigé par Paul Celan en *n'a*. De même, la virgule après *repos* est supprimée.

*Vom Blau, das noch sein Auge sucht, trink ich als erster.*
*Aus deiner Fußspur trink ich und ich seh :*
*du rollst mir durch die Finger, Perle, und du wächst !*
*Du wächst wie alle, die vergessen sind.*
*Du rollst : das schwarze Hagelkorn der Schwermut*
*fällt in ein Tuch*[1]*, ganz weiß vom Abschiedwinken.*

---

*So schlafe, und mein Aug wird offen bleiben.*
*Der Regen füllt' den Krug, wir leerten ihn.*
*Es wird die Nacht ein Herz, das Herz ein Hälmlein treiben —*
*Doch ists zu spät zum Mähen, Schnitterin.*

*So schneeig weiß sind, Nachtwind, deine Haare !*
*Weiß, was mir bleibt, und weiß, was ich verlier !*
*Sie zählt die Stunden, und ich zähl die Jahre.*
*Wir tranken Regen. Regen tranken wir.*

1. Une première version de la traduction corrigée par Paul Celan traduit *in ein Tuch* par *dans un mouchoir*. Le reste de cette première version est identique au texte revu par Celan, reproduit ci-après.

Paul CELAN

Du bleu qui cherche encore ses yeux, je m'abreuve le premier.
Je bois ta trace et ~~m'aperçois~~:
~~Perle, tu me glisses des doigts~~, et tu grandis !
Tu grandis comme ceux que l'on oublie.
Tu roules : le grêlon noir de la mélancolie
retombe dans ~~un linge~~, par tant d'adieux blanchi.

---

Dors, ~~car~~ mon oeil ~~est grand~~ ouvert
La pluie remplit la cruche, nous la vidâmes.
La nuit fit ~~naître~~ un coeur, le coeur ~~des brindilles~~ -
Il est trop tard pour le faucher, Madame.

Si blanc mousseux sont tes cheveux, tempête.
Est blanc ce qui me reste, et blanc ce que je perds !
Elle compte les heures, je compte les années.
Nous avalâmes la pluie, le pluie fut avalée.

(trad. Denise Naville)

* le grêlon de la mél., noir, noir, le -.

** Tes cheveux, de neige, vent de nuit.

Du bleu qui cherche encore son œil, je m'abreuve le premier.
Je bois dans le creux de ta trace et je vois :
Entre mes doigts tu roules, perle, et tu grandis !
Tu grandis comme tous ceux qui sont oubliés.
Tu roules : le grêlon de la mélancolie, noir,
retombe dans une toile, par tant d'adieux blanchie.

---

Dors donc, et mon œil restera ouvert.
La pluie remplit la cruche, nous la vidâmes.
La nuit fit [1] germer un cœur — le cœur une brindille.
Il est trop tard pour la faucher, madame.

Tes cheveux, de neige, vent de nuit.
Est blanc ce qui me reste, et blanc ce que je perds !
Elle compte les heures, je compte les années.
Nous avalâmes la pluie, la pluie fut avalée.

1. Corrigé en *fera* par Paul Celan, pour la version définitive, qui ne comporte pas d'autre modification.

*Wer wie du alle Tauben Tag und Abend aus dem Dunkel schöpft,*
*pickt den Stern aus meinen Augen, eh er funkelt,*
*reißt das Gras aus meinen Brauen, eh es weiß ist,*
*wirft die Tür zu in den Wolken, eh ich stürze.*

*Wer wie du und alle Nelken Blut als Münze braucht und Tod als Wein,*
*bläst das Glas für seinen Kelch aus meinen Händen,*
*färbt es mit dem Wort, das ich nicht sagte, rot,*
*schlägts in Stücke mit dem Stein der fernen Träne.*

Paul CELAN

Quiconque puise comme toi et toute colombe jours et soirées des ténèbres,
perce la pupille de mes yeux avant qu'elle scintille,
arrache l'herbe des sourcils avant qu'elle blanchisse,
claque la porte des nuées bien avant ma chute.

Quiconque, use comme toi et les oeillets du sang comme monnaie et de mort comme vin,
souffle le verre de sa coupe dans mes mains,
le colore de rouge avec le mot que je n'ai dit
et le brise avec la pierre des larmes au loin.

(trad. Denise Naville)

Quiconque puise comme toi et toute colombe[1], jour et soirée
des ténèbres,
picore la prunelle dans mes yeux avant qu'elle ne scintille,
m'arrache l'herbe des sourcils avant qu'elle ne soit blanche,
claque la porte des nuées avant que je ne tombe.

Quiconque, comme toi et les œillets[2], use de sang comme
monnaie et de mort comme vin,
se sert de mes mains pour en souffler le verre de sa coupe,
le colore de rouge avec le mot que je n'ai dit
et le fait voler en éclats avec la pierre de la larme lointaine.

1. Inversé dans la version publiée en : *comme toi et toute colombe puise*.

2. Modifié par Paul Celan avant la publication en : *et tout œillet*. Le reste est publié sans changement.

*Dossier Jean-Pierre Wilhelm*

Paul Celan

## SOIR DES PAROLES

Soir des paroles - sourcier foulant le secret!
Un pas, un autre encore,
un troisième: ton ombre
n'abolit pas sa trace.

La cicatrice du temps
s'ouvre béante,
inonde le pays de sang -
Les dogues ~~de la nuit gonflée de~~ paroles,
les dogues ~~aboient (à présent)~~
~~au milieu de toi~~:
ils fêtent ~~leur~~ soif plus ~~féroce,~~
~~leur~~ faim plus rageuse...

Une dernière lune te porte secours:
elle jette parmi la meute
un ~~long~~ os ~~d'argent~~
- nu comme ton chemin parcouru -
mais ~~cela ne te sauvera point~~:
le jet que tu ~~suscitas~~
~~s'approche en écumant,~~
charriant un fruit
~~qui porte ton ancienne morsure.~~

## ABEND DER WORTE

*Abend der Worte — Rutengänger im Stillen !*
*Ein Schritt und noch einer,*
*ein dritter, des Spur*
*dein Schatten nicht tilgt :*

*die Narbe der Zeit*
*tut sich auf*
*und setzt das Land unter Blut —*
*Die Doggen der Wortnacht, die Doggen*
*schlagen nun an*
*mitten in dir :*
*sie feiern den wilderen Durst,*
*den wilderen Hunger...*

*Ein letzter Mond springt dir bei :*
*einen langen silbernen Knochen*
*— nackt wie der Weg, den du kamst —*
*wirft er unter die Meute,*
*doch rettets dich nicht :*
*der Strahl, den du wecktest,*
*schäumt näher heran,*
*und obenauf schwimmt eine Frucht,*
*in die du vor Jahren gebissen.*

## SOIR DES PAROLES[1]

Soir des paroles, sourcier
avançant sur le sol du silence.
Un pas, puis un autre,
un troisième :
sa trace résiste à ton ombre.

La cicatrice du temps
s'ouvre béante,
inondant la contrée de son sang —
Les dogues,
les dogues de la nuit des paroles
aboient au milieu de ton cœur ;
ils fêtent la soif plus sauvage,
la faim plus rageuse…

Une lune, la dernière,
t'apporte son aide :
elle lance à la meute
un os d'argent, immense,
— nu, tel ton chemin parcouru —
mais point de salut pour toi !
Le jet que tu fis sourdre
approche avec son écume,
charriant un fruit
qui porte l'ancienne
trace de tes dents.

1. Version publiée.

## ANDENKEN

*Feigengenährt sei das Herz,*
*darin sich die Stunde besinnt*
*auf das Mandelauge des Toten.*
*Feigengenährt.*

*Schroff, im Anhauch des Meers,*
*die gescheiterte*
*Stirne,*
*die Klippenschwester.*

*Und um dein Weißhaar vermehrt*
*das Vlies*
*der sömmernden Wolke.*

PAUL CELAN

mémoire

# Souvenir

De figues se nourrisse le coeur
~~dans~~ en qui l'heure se souvient
de l'oeil d'amande du mort.
Nourri de figues.

Abrupt, sous le souffle marin,
le front
échoué,
falaise-soeur.

Accrue de tes cheveux blanchis
la toison
du nuage paissant.

de figues soit
la nourriture du coeur

dont l'heure
remémore
l'oeil-amande du mort.
de figues.

accueillant
Escarpé, tourné vers
le souffle
marin,
le front échoué,
frère des écueils.

augmentée
de tes cheveux qui ne sont que
blancheur.

la toison
du nuage paissant

Blanche,
accrue // augmentée de tes cheveux
la toison
du nuage paissant

soit

de figues soit
la nourriture du coeur
dont l'heure remémore
l'oeil-amande du mort.
de figues.

Escarpé, accueillant
le souffle marin,
le front échoué,
frère des écueils.

sous un souffle
de mer,
le front. . .

D.90.1.2550/1

## MÉMOIRE

De figues soit
la nourriture du cœur
dont l'heure remémore
l'œil-amande du mort.
Qu'elle soit de figues.

Escarpé, sous le souffle
marin,
le front échoué,
frère des écueils.

Blanche,
augmentée de tes cheveux,
la toison
du nuage paissant.

## MÉMOIRE[1]

De figues se nourrisse le cœur !
en qui l'heure se souvient
de l'œil-amande du mort.
Qu'il se nourrisse de figues.

Escarpé,
sous le souffle marin,
le front échoué,
frère des écueils.

Blanche,
augmentée de tes cheveux,
la toison
du nuage paissant.

1. Version définitive publiée.

PAUL CELAN

## Retroussées pour la nuit

Retroussées pour la nuit,
les lèvres des fleurs;
croisées, enchevêtrées,
les hampes des pins;
rembrunie la mousse, ébranlé le rocher;
éveillés pour le vol infini,
les choucas ~~au-dessus~~ du glacier:

Voici ~~la contrée~~ où font halte
les autres, ~~enfin~~ rejoints:

ils ne nommeront pas l'heure,
ni ~~compteront~~ les flocons,
ni suivront les eaux à la digue.

Ils sont là, isolés dans le monde,
chacun près de sa nuit,
chacun près de sa mort,
maussades, nu-tête, ~~sous le givre~~
~~du passé et du présent.~~

Ils acquittent ~~la faute~~ qui anime leur origine,
s'en acquittent en faveur d'un mot
existant à tort comme l'été.

Un mot - tu sais bien:
un mort.

Lavons son visage,
peignons ses cheveux;
tournons son oeil
vers le ciel.

Retroussées et de nuit

par-dessus le

dénombreront

vers ~~bords~~

Les voici, ~~épars~~ seuls esseulés?

Ils se tiennent disjoints dans le monde

chacun du côté de sa nuit
chacun voisin de sa mort

rognés

givrés

d'immédiat ~~et lointain~~ givrés de lointain

de ce qui est loin
et de ce qui est proche

de ce qui fut l'âme

de leur origine,

existant à tort tout comme l'été.

Lavons-le
peignons-lui les cheveux
tournons son oeil
vers le ciel
~~(du côté du ciel(?))~~

~~Ils s'acquittent d'une dette
qui les anima au départ
s'en acquittent en faveur d'un mot~~

Les voici, porteurs de la faute
qui anima leur départ,
~~s'en acquittent~~ ils s'en acquittent
en faveur d'un mot
existant à tort comme l'été

Retroussées et de nuit [1],
les lèvres des fleurs ;
croisées,
enchevêtrées,
les hampes des pins ;
rembrunie la mousse,
ébranlé le rocher ;
éveillés pour le vol infini,
les choucas du glacier :

C'est le pays où font halte
les autres, enfin rejoints.

Ils ne nommeront pas l'heure,
ni ne dénombreront les flocons,
ni ne suivront les eaux vers la digue.

Ils se tiennent isolés dans le monde,
chacun du côté de sa nuit,
chacun du côté de sa mort,
rogues, nu-tête, givrés
d'Immédiat, givrés
de Lointain.

Les voici, porteurs de la faute
qui anima leur départ ;
ils s'en acquittent
en faveur d'un mot
existant à tort, tel l'été.

Un mot — tu sais bien :
un mort.

Lavons-le,
peignons ses cheveux,
tournons son œil
vers le ciel.

1. Version définitive publiée.

PAUL CELAN

## Shibboleth

Avec mes pierres, les grandes,
pleurées derrière les grilles,
on me traîne sur la place publique,
où se déroule un drapeau
à qui nul serment ne me lie.

Flûte,
double flûte de la nuit,
souviens-toi du sombre
rougeoiement jumelé
de Vienne et de Madrid.

Mets en berne ton drapeau,
Souvenir.
En berne,
pour aujourd'hui et pour toujours.

Coeur:
même ici manifeste-toi,
ici, sur la place publique.
Clame le Shibboleth
dans ton pays étranger:
Février, No pasarán!

Licorne:
tu sais ce qu'il en est des pierres,
tu sais ce qu'il en est des eaux,
viens,
je t'emmène avec moi
vers les voix d'Estrémadoure.

## *ARGUMENTUM E SILENTIO*

Für René Char

*An die Kette gelegt*
*zwischen Gold und Vergessen :*
*die Nacht.*
*Beide griffen nach ihr.*
*Beide ließ sie gewähren.*

*Lege,*
*lege auch du jetzt dorthin, was herauf-*
*dämmern will neben den Tagen :*
*das sternüberflogene Wort,*
*das meerübergossne.*

*Jedem das Wort.*
*Jedem das Wort, das ihm sang,*
*als die Meute ihn hinterrücks anfiel —*
*Jedem das Wort, das ihm sang und erstarrte.*

*Ihr, der Nacht,*
*das sternüberflogne, das meerübergossne,*
*ihr das erschwiegne,*
*dem das Blut nicht gerann, als der Giftzahn*
*die Silben durchstieß.*

*Ihr das erschwiegene Wort.*

*Wider die andern, die bald,*
*die umhurt von den Schinderohren,*
*auch Zeit und Zeiten erklimmen,*
*zeugt es zuletzt,*

PAUL CELAN

Argumentum e silentio

à René Char

Rivée à la chaîne
entre l'Or et l'Oubli:
la Nuit.
Tous les deux l'empoignèrent.
Elle laissa faire tous les deux.

Dépose maintenant,
dépose toi aussi ce qui veut
poindre à côté des jours:
la parole survolée d'astres,
inondée d'océan.

A chacun sa parole,
la parole qui en lui chantait
quand la meute sournoisement l'assaillit
A chacun la parole qui en lui chantait
et qui se glaça.

Pour la nuit la parole,
survolée d'astres, inondée d'océans,
pour elle la parole tacite
dont le sang se figea quand la dent à venin
transperça les syllabes.

Pour elle la parole tacite.

A la fin elle témoignera
contre les autres qui, aguichés
par l'oreille du bourreau,
graviront l'année et les ans;

D90.1.2550/1

*zuletzt, wenn nur Ketten erklingen,*
*zeugt es von ihr, die dort liegt*
*zwischen Gold und Vergessen,*
*beiden verschwistert von je —*

*Denn wo*
*dämmerts denn, sag, als bei ihr,*
*die im Stromgebiet ihrer Träne*
*tauchenden Sonnen die Saat zeigt*
*aber und abermals ?*

Argumentum e silentio

(Suite)

à la fin, quand les chaînes résonnent,
elle témoignera de la nuit qui gît là,
entre l'or et l'oubli,
leur soeur depuis toujours -

Dis-moi,
d'où pourrait naître
la parole sinon d'elle qui,
dans le bassin fluvial de ses larmes,
montre aux soleils immergés les semailles
maintes et maintes fois?

?

Car où, dis-moi, [illegible] naîtrait
une parole sinon près d'elle
qui dans le lit [illegible] de ses larmes
montre aux soleils qui immergent [illegible]
les semailles [illegible]
encore et toujours

## ARGUMENTUM E SILENTIO

*À René Char*

Rivée à la chaîne,
entre l'or et l'oubli :
la Nuit.
Empoignée par l'un et par l'autre,
soumise.

Pose, toi aussi,
pose près d'elle,
ce qui songe à poindre
quand poindront les jours :
la Parole
survolée d'astres,
inondée d'océans.

À chacun sa parole,
la parole[1] qui pour lui se fit chant
quand la meute l'attaqua, sournoise ;
à chacun la parole
qui avant d'être glace
fut chant.

Mais à la Nuit la Parole,
survolée d'astres,
inondée d'océans ;
à elle, la Parole,
fruit du silence,
et dont le sang
survécut aux syllabes
transpercées par la dent à venin.

À elle la Parole de silence.

1. Corrigé en *celle qui* dans la version publiée.

Pour porter enfin témoignage
contre les autres qui, aguichés
par l'oreille de l'écorcheur,
gravissent le temps et les âges ;
pour témoigner, à la fin,
quand seules des chaînes résonnent,
de la Nuit qui gît là,
entre l'or et l'oubli,
leur sœur de tous temps.

Car où, dis-moi, poindrait
une aube sinon près d'elle
qui dans le lit de sa larme
montre aux soleils qui immergent
les semailles
encore et toujours ?

# NOTES

## PAVOT ET MÉMOIRE
### *MOHN UND GEDÄCHTNIS*

Paru chez Deutsche Verlags-Anstalt à Stuttgart, en 1952.

*Page 27.* Marianne
*Marianne*

1. Première publication dans la revue *Plan*, Vienne, 1948. Le nom de Marianne n'apparaît ailleurs que dans le titre d'un poème en roumain, dans un dactylogramme non publié de la période bucarestoise, *Poem pentru umbra Marianei*, traduction en allemand par Barbara Wiedemann, in *Paul Celan*, *Das Frühwerk*, Francfort-sur-le-Main, 1989, p. 215.

2. *Bechern* : le terme est familier et fortement ironique (*der Becher* désigne le « godet »).

3. *Thaler* : ancienne monnaie d'argent allemande.

*Page 29.* La main pleine d'heures…
*Die Hand voller Stunden…*

1. Daté par Paul Celan de 1945-1946.

*Page 31.* Le Sable des urnes
*Der Sand aus den Urnen*

1. *Der Sand aus den Urnen* est le titre d'un premier recueil de poèmes en langue allemande de Paul Celan, imprimé à Vienne au début de l'été 1948, alors que Celan avait déjà quitté la capitale autrichienne. Depuis Paris, constatant un grand nombre de fautes d'impression, il en interdit la diffusion. Les poèmes postérieurs à 1945 qui figuraient dans ce recueil seront repris en 1952 dans *Mohn und Gedächtnis*.

2. *Schamhaar* : les poils pubiens.

*Page 33.* Le Banquet
*Das Gastmahl*

1. Daté par Paul Celan de 1946. Paru à Bucarest en 1947 dans la revue *Agora*.

*Page 37.* Œil sombre de septembre
*Dunkles Aug im September*

1. Dédicacé « à Siegmar Schneider », ami viennois de Celan, dans un dactylogramme — postérieur — de 1950.

2. *Sternklar* se dit d'une nuit très claire où le ciel étoilé se voit particulièrement nettement.

*Page 39.* Chanson d'une dame dans l'ombre
*Chanson einer Dame im Schatten*

1. Daté par Paul Celan de 1947-1948.

2. Son : le nom de la Taciturne.

*Page 43.* Éloge du lointain
*Lob der Ferne*

1. Première parution dans *Der Sand aus den Urnen*. Voir le dossier de traductions, p. 300.

*Page 45.* Tard et profondément
*Spät und tief*

1. Daté par Paul Celan du début 1948. Paru dans *Der Sand aus den Urnen* avec le sous-titre *Deukalion und Pyrrha* (dont la légende est chantée dans *Les Métamorphoses* d'Ovide, livre 1). — Voir le dossier de traductions, p. 302.

2. *Geharnischt* (littéralement : harnaché pour la guerre, porteur d'un harnais ou d'une armure de combat) connote la colère subite et violente. *In Harnisch* : en colère.

3. Rebroussement : le fait de rebrousser chemin.

*Page 49.* Corona
*Corona*

1. *Blutstrahl* connote un mince filet ou jet de sang expulsé avec force (comme lors d'une saignée), tandis que la relation à la lune évoque presque aussi directement le rayon de lumière.

2. Le génitif ou datif antéposé *der Unrast* avant *ein Herz* élargit le champ des relations entre les deux termes : appartenance, attribution, etc. *Die Unrast* désigne un état d'agitation intérieure et par extension un activisme incessant. — Voir le dossier de traductions, p. 305.

*Page 53.* Fugue de mort
*Todesfuge*

1. Daté par Paul Celan de 1945. D'abord paru dans une traduction roumaine de Petre Solomon, sous le titre *Tangoul mortii*. La composition du terme *Todesfuge* suggère une sorte de genre musical funèbre.

2. *Schaufeln* : littéralement, pelleter, travailler à la pelle, connote, entre autres, *die Milchschwester Schaufel*, la sœur de lait pelle, toujours associée par Celan au travail forcé dans le camp de Tabaresti.

3. *Der Rüde* désigne un grand chien, mâle, de guerre ou de

chasse : on songe aux « dogues allemands » (*der Bluthund*) de la SS, ou à d'autres molosses employés dans les camps.

4. *Das Erdreich* : ce terme technique désigne la couche d'humus ou de terre végétale. Le mot évoque par ailleurs, sans en avoir le sens, le « royaume terrestre ».

5. On notera la rime (unique) de *blau* et *genau*.

*Page 59.* En voyage
*Auf Reisen*

1. Daté par Paul Celan de 1948. Envoyé à Margul-Sperber depuis Paris sur une carte postale du 10 septembre 1948.

*Page 61.* En Égypte
*In Ägypten*

1. Ce poème, comme tous les suivants désormais, ne figure pas dans le recueil *Der Sand aus den Urnen*. Première publication dans *Die Wandlung*, éd. par Dolf Sternberger, Heidelberg, 1949. Daté par Celan du début 1949.

*Page 63.* Brûlure
*Brandmal*

1. *Brandmal* désigne littéralement la trace ou la marque laissée par une brûlure sur la peau.

2. *Dämmer* est un mot poétique qui connote *dämmern*, et *Dämmerung*, généralement appliqués au crépuscule (du soir ou de l'aube).

3. Peut-être l'œil de dieu du pénis circoncis en yiddish ?

4. La mèche : littéralement, le cordon d'allumage.

5. *Schwimmen* (nager) connote chez Celan l'amour physique.

*Page 67.* Je suis seul…
*Ich bin allein…*

1. *Aschenblume* : le composé n'est pas « inventé ». Ce nom est donné parfois à la cendre qui a pris une forme de fleur en se déposant, mais le verbe *stellen* — auquel répond le *stehen* du vers 5 — restaure l'autonomie sémantique de chaque composant : fleur, cendre.

2. *Der Flor*, terme très poétique pour désigner la floraison, connote aussi le voile ou le crêpe noir portés en signe de deuil.

3. Contrairement à « gemme » en français, qui désigne aussi un minéral précieux, *Harz* désigne exclusivement la résine et connote la substance poisseuse.

4. Rappel possible d'un passage de la nouvelle *Lenz* de Büchner. Ici le blanc et la glace connotent la mort, au beau milieu de la vie.

*Page 69.* Les Cruches
*Die Krüge*

1. Daté par Celan de 1949-1950. Klaus et Nani Demus sont des amis viennois de Paul Celan. Klaus est poète et frère du pianiste Jörg Demus.

2. *Zechen* (ainsi que *Zeche*, *Zechbruder*, etc.) connote la convivialité des buveurs. *Die Zeche* désigne aussi une fosse. *Der Zecher* est presque synonyme de « pilier de bistrot ».

3. *Waltend* connote ici l'effectivité et la puissance opératoire sur la réalité.

4. *Überschäumen* évoque la mousse (*der Schaum*) qui déborde d'un récipient. Le terme s'emploie pour caractériser un comportement.

*Page 71.* La nuit...
*Nachts...*

1. Première publication dans *Das Lot*, édité par Alain Bosquet, Alexander Koval et Édouard Roditi, Berlin, tome 6, juin 1952. Daté par Paul Celan de 1950-1951.

*Page 73.* La plus blanche des colombes...
*Der Tauben weißeste...*

1. Daté par Celan de 1950-1951.

*Page 75.* Sommeil et repas
*Schlaf und Speise*

1. Le titre pourrait aussi signifier « dors et mange ».
2. *Der Laken* : le drap de lit.
3. *Lauscht ab* : écoute attentivement et finit par capter.

*Page 77.* Cœur inconstant...
*Unstetes Herz...*

1. *Der Käfer* désigne un vaste spectre de coléoptères du type scarabée. Au sens figuré le mot désigne aussi une jeune fille.

*Page 79.* Compte les amandes...
*Zähle die Mandeln...*

1. Première publication dans *Wort und Wahrheit*, Fribourg-en-Brisgau, juillet 1952.
2. *Der Spruch* connote aussi la sentence de l'oracle ou le bref poème gnomique.
3. *Selbdritt* se dit du troisième d'un groupe de trois, en ce qu'il représente le groupe entier.

DE SEUIL EN SEUIL

*VON SCHWELLE ZU SCHWELLE*

Paru chez Deutsche Verlags-Anstalt à Stuttgart, en 1955.

*Page 83.* J'ai entendu dire...
*Ich hörte sagen...*

1. Daté par Celan de l'automne 1952. Première publication dans *Jahresring* 54, Stuttgart, 1954.

*Page 85.* Figure double
*Zwiegestalt*

1. *Kammer* a les mêmes extensions (techniques notamment) que le français chambre.

*Page 87.* Lointains
*Fernen*

1. Écho, peut-être, de diverses traductions allemandes du *Pont Mirabeau* (« Aug in Aug laß uns bleiben... »).

*Page 89.* L'Invité
*Der Gast*

1. Daté par Paul Celan d'octobre 1952. Première publication dans *Die Neue Rundschau*, Francfort-sur-le-Main, 1953.

*Page 91.* Greffé sur l'œil
*Aufs Auge gepfropft*

1. *Das Reis* désigne à la fois un minuscule brin de branchage et la jeune pousse, le rejet, le scion...

*Page 93.* Assise

*Assisi*

1. Daté par Celan du début 1954. Première publication dans *Akzente*, Munich, avril 1954.

2. *Ins Schloß fallen* : littéralement, s'agissant d'une porte, « tomber dans la serrure », se reclaquer, se refermer d'un coup (sous l'effet du vent, par exemple).

3. François est le prénom du premier fils de Paul Celan, mort le lendemain de sa naissance, le 8 octobre 1953.

*Page 97.* Devant une bougie

*Vor einer Kerze*

1. Daté par Celan de 1953.

2. *Übertäuben* connote à la fois l'anesthésie et la surdité.

*Page 101.* Nature morte

*Stilleben*

1. *Stilleben* : le terme allemand repris mot à mot de l'anglais et du néerlandais, qui sert à désigner le genre pictural « nature morte » signifie en réalité : « vie silencieuse » ou « vie arrêtée » (par analogie avec *stillegen*).

2. *Verschollen* : se dit des êtres disparus, qu'on n'a pas retrouvés, après une guerre, une catastrophe. *Der Verschollene*, premier grand roman de Kafka, également intitulé *Amerika*, est l'histoire d'un homme qui disparaît en Amérique.

*Page 103.* La Pente

*Die Halde*

1. *Die Halde* désigne un terrain incliné, soit naturel (talus), soit artificiel (terril, crassier pour les scories ou dépôt de charbon). Étymologiquement le terme désigne une pente.

2. *Von Mal zu Mal* peut se lire aussi comme signifiant « de marque en marque ».

*Page 105.* Froncées de nuit
*Nächtlich geschürzt*

1. Daté par Celan de septembre 1952. Première publication dans *Spirale I*, Berne, 1953. Voir le dossier de traductions, p. 321.

2. Amis de Paul Celan. Hermann Lenz (1913-1998), romancier et poète, secrétaire de l'association des écrivains d'Allemagne du sud. Hannah Lenz est son épouse.

3. *Das Wehr* désigne une levée de terre destinée à contenir les eaux où à modifier leur parcours.

4. *Die Leiche* désigne dans le langage des imprimeurs le bourdon (ou sauton), c'est-à-dire un mot omis, un mot qui manque.

*Page 109.* Aile-nuit
*Flügelnacht*

1. *Schien* : *scheinen* signifie ici aussi luire, briller. Le brun luisant...

2. *Gebettet* connote le lit ou la litière, une espèce d'enveloppement par opposition à *liegend* qui désignerait seulement la posture couchée.

*Page 111.* Quelle que soit la pierre que tu lèves
*Welchen der Steine du hebst*

1. Daté par Paul Celan de 1953-1954. *Welchen der Steine...* Littéralement : quelle que soit celle, parmi les pierres, que tu soulèves...

2. « Tu découvres... » : au sens de « ne plus couvrir, mettre à nu... »

3. Les éons sont chez les gnostiques des puissances éternelles émanées de l'Être qui rendent possible son action sur les choses.

*Page 113.* Schibboleth
*Schibboleth*

1. Voir le dossier de traductions, p. 323. Le titre renvoie au mot de passe hébreu (Juges, XII, 6) qui permettait aux gens de Galaad de reconnaître ceux d'Éphraïm en fuite (qui prononçaient *sibboleth*...) et de les exterminer... Par une tragique extension, le terme désigne aujourd'hui les mots de reconnaissance permettant l'entrée dans un groupe.

2. Allusion principalement aux événements de février 1934.

3. Licorne : animal fabuleux, symbole de force et de virginité. Son corps de cheval est surmonté d'une corne unique, blanche ou noire. Mais *Einhorn* est aussi le patronyme d'un ami de jeunesse de Paul Celan, Erich Einhorn (1920-1974), dont il partageait la sympathie pour les mouvements révolutionnaires des années 1930 (notamment ceux des ouvriers de Vienne et des républicains espagnols).

4. Estrémadure : province espagnole frontalière du Portugal, au sud-ouest de Madrid. De violents combats s'y sont déroulés pendant la guerre civile.

*Page 117.* Les Vignerons
*Die Winzer*

1. Daté par Celan de septembre 1953. Nani et Klaus Demus : amis viennois de Paul Celan, voir n. 1 p. 69.

2. *Herbsten* connote directement l'automne (*der Herbst*).

3. *Das Geweinte* : ce qui a été pleuré (pleurer : *weinen*) reprend le vin vendangé (*den Wein*) du premier vers.

4. *Der Krückstock* : le mot introduit un écho de la locution *über Stock und Stein* qui sert à désigner le peu de cas qu'on fait des obstacles à la progression.

5. *Erdenken* : concevoir, échafauder, avec une nuance d'invention.

6. *Rüsten* dans ce contexte joue avec la locution *zur Rüste gehen* : aller se coucher, se reposer.

7. *Spätmund* est construit sur le modèle de *Spätlese* : récolte tardive.

*Page 121.* Droit sur l'île
*Inselhin*

1. Daté par Celan de juin 1954. Première publication dans *Texte und Zeichen*, éd. par Alfred Andersch, Berlin et Neuwied, 1955.

2. *Einbaum* désigne la pirogue faite d'un tronc d'arbre évidé. Le terme connote aussi l'arbre unique, le « solitaire ».

## GRILLE DE PAROLE
## *SPRACHGITTER*

Paru chez Fischer à Francfort-sur-le-Main, en 1959. Voir ci-dessous la n. 1 de la p. 139.

*Page 125.* Voix...
*Stimmen...*

1. Associé à *geritzt*, *Stimmen* convoque la *glotte* (*Stimmritze*). Juillet 1956 (Rochefort-en-Yvelines) - fin de l'année 1958.

2. Seconde : au sens de division du temps. *Sirren* se dit des moustiques.

3. *Strang* désigne la corde du pendu, ou du sonneur de cloches.

4. *Klammer* : le terme désigne ordinairement les crampons et agrafes (chirurgicales notamment) ou les signes de parenthèse. En charpente de marine, *Klammer* désigne des pièces de bois qui servent à en lier ou consolider d'autres (le mât, les éléments de la membrure, etc.) : il peut s'agir alors des bauquières (ceintures de bois en forme d'arc ou de parenthèse, perpendiculaires aux membrures, sur lesquelles sont appuyés les baux) ou des jumelles de racage, qui ceinturent le bas-mât. Dans le cas présent, il semble que l'image évoque une pression de la mer sur

le flanc du navire, qui comprime les bauquières par le milieu et les réunit en les aplatissant l'une sur l'autre : le terme *Klammer* apparaît dans la Bible lorsqu'il est question de l'arche de Noé. La carcasse du navire connote aussi celle du corps humain, notamment la cage thoracique (où se trouve le cœur, où naît la voix...). Mais la parenthèse joue dans la poétique de Celan un rôle majeur.

5. *Fruchtblatt*, littéralement : « feuille de fructification », désigne le pistil ou gynécée de la fleur, l'ensemble des carpelles (de *carpos*, fruit en grec).

6. La protubérance extrême du pistil, au bout du style (*Griff*), se dit en allemand *Narbe* (stigmate, cicatrice).

*Page 131.* Confiance
*Zuversicht*

1. Daté par Paul Celan de mars 1955. Première publication dans la revue *Profile*, n° 9/10, Heidelberg, 1955.

2. *Der Stollen* désigne, outre la galerie de mine, l'une des strophes construites dans la poésie « réglementée » des *Meistersinger* (maîtres-chanteurs, du XV^e siècle).

3. *Verstählt* (garni d'acier, acéré ou aciéré) connote plus la dureté de tout un objet que la « pointe acérée » (titre d'un poème de Celan).

*Page 133.* Strie
*Schliere*

1. Paul Celan voulait envoyer ce poème à Heidegger. *Die Schliere* est un terme d'origine ancienne, désignant un phénomène optique qui affecte le verre et l'œil, et pour lequel on a longtemps utilisé en français le terme allemand. Aujourd'hui traduit par *strie* (d'où *strioscopie*), il désigne une masse présentant un défaut de cristallisation dans un milieu opaque (pierre) ou transparent (verre comme ici) : on traduit parfois par corde, veine, glaire ou « loupe », ce qui dans le cas présent comporte

des incompatibilités avec le texte. Dans l'une des premières versions du *Dialogue dans la montagne*, un *lapsus calami* (ou une variante) fait écrire à Celan *Schliere* au lieu de *Schleier* (le voile), mais ce lapsus fait sens dans un texte « poétologique », voire philosophique, et il n'est pas surprenant de retrouver les deux termes ici, dans un même poème. Qu'il s'agisse du voile ou de la « paille » qui trouble la transparence, la pureté de l'histoire humaine est à jamais obscurcie de ce qui ne devait jamais arriver (et qui s'est réellement produit) et qui accompagnera toujours les mots (et les images). À l'origine *der Schlier* désigne un « bubon purulent touchant les parties honteuses »...

2. *Perdu* a ici un statut de substantif, au même titre que *Grand Jamais* plus bas.

3. *Wirklichgesponnen* : littéralement, inexistence dont, à force de tordre les brins, on a fait un fil réel.

4. Sans doute : à moitié longs.

5. *Stimmen* : accorder un instrument de musique.

*Page 135.* Tenebrae
*Tenebrae*

1. Daté par Celan de mars 1957. Premier titre : *Leçon des Ténèbres* (office catholique dans la nuit du jeudi au vendredi saint).

2. *Greifbar* : à portée de main, tout près. Repris par *Gegriffen*.

3. « Prier Dieu » se dit *zu Gott beten*.

4. *Maar* : petit lac volcanique ; *Mulde* : légère dépression du terrain.

*Page 139.* Grille de parole
*Sprachgitter*

1. Daté par Celan de 1957. Première publication dans la revue *Jahresring* 1957/1958. — Ce terme — choisi pour intituler le recueil — est, entre autres, la contraction de *Raumgitter* (concept de la cristallographie) et du *Sprachgitter*, grille de par-

loir dans les couvents, qui sépare les religieux des visiteurs (terme forgé par Jean-Paul Richter) : la grille qui sépare les paroles est aussi la structure qui organise la production du cristal... Le discours de la cristallographie emploie plutôt, en français, la notion de « réseau ».

2. *Flimmer* sollicite à la fois le registre de la scintillance lumineuse et la nomenclature biologique des minuscules cils vibratiles qui permettent le déplacement de certains organismes.

3. *Iris* : le mot est féminin en allemand.

4. *Die Lache*, la flaque d'eau, connote aussi indirectement le rire (*lachen*).

5. *Mundvoll* se traduit d'ordinaire par « bouchée », sur le modèle de *Handvoll* : poignée (une pleine main), etc.

*Page 141.* Lit de neige
*Schneebett*

1. Littéralement : *Yeux* (indéfini).

2. *Strichweise* : terme de météorologie qui désigne les précipitations intermittentes concernant des zones étroites.

3. La *Zehnfingerschreibmethode* est une méthode d'apprentissage de l'écriture pour aveugles.

4. *Verklammert*, juste avant la parenthèse (*die Klammer*), désigne aussi le procédé de suture des plaies ouvertes au moyen d'agrafes.

5. *Gegittert* : pris dans un réseau cristallin.

*Page 145.* Matière de Bretagne
*Matière de Bretagne*

1. Daté par Celan d'août 1957. — « Matière de Bretagne » est le nom donné par un poète du XIIIe siècle à la légende arthurienne qui a fourni le cadre des romans courtois. Il s'agit de la « matière celtique » que le poète anglo-normand Wace a fait connaître en traduisant en langue vulgaire (le *Roman de Brut*, 1155) l'*Historia Regum Britanniae* de Geoffroy de Monmouth (1135). Bretagne désigne ici le pays des Bretons : Cornouailles,

Galles, Irlande, Armorique. Celan « réduit » ici — pour quelle ré-extension ? — le sens de « matière » et de « Bretagne ».

2. Voir le poème « breton » de Heredia, *Soleil couchant* : « Les ajoncs éclatants, parure du granit, / Dorent l'âpre sommet que le couchant allume... » in *Les Trophées*. Jaune connote presque toujours, chez Celan, l'étoile jaune. Il y a une association sémantique et historique entre les Bretons (et la Bretagne) et les juifs. *Berit*, l'Alliance, est une notion centrale de la culture juive.

3. *Der Priel* : ruisseau d'estran par lequel s'opère l'écoulement pendant la basse-mer (les dénominations sont régionales : chenaux de marée, étiers, courses, creeks, barachois, marigots...).

4. *Die Steindattel* : *lithophaga lithophaga* ; moule de Méditerranée en forme de datte, qui perfore la roche pour s'y fixer (datte de mer, datte rouge).

*Page 149.* À hauteur de bouche
*In Mundhöhe*

1. *Gewächs* connote à la fois le végétal en général, et les tumeurs diverses.

2. *Das Garn* désigne à la fois le fil et le filet ou la nasse qui sert à capturer le poisson ou le gibier. Le terme s'emploie aussi pour parler d'une histoire (de marin) fictive et toujours réinventée.

3. *Blattnarbe* : stigmate des carpelles, partie terminale du pistil. Littéralement : cicatrice de feuille.

*Page 151.* Esquisse de paysage
*Entwurf einer Landschaft*

1. Daté par Paul Celan de janvier 1958. Paru le 30 janvier 1958 dans l'hebdomadaire *Die Zeit*.

2. Variété de tuf (tufs calcaires) qui se dépose dans les sources ou les lacs.

3. *Die Blesse* (lisse, ou liste) dont l'écho français peut être intéressant désigne la tache claire oblongue qu'on observe sur

le chanfrein de nombreux animaux domestiques. *Strahlig* désigne la forme « en étoile » de cette tache.

*Page 153.* Rapport d'été
*Sommerbericht*

1. *Die Glockenheide* (*erica tetralix*) : « bruyère des marais », qui se distingue de la bruyère commune (*calluna vulgaris*) par la disposition en touffes de ses clochettes roses. Les étamines ne dépassent pas de la corolle. Les feuilles sont aciculaires. Cette éricacée, qui pousse dans les zones tourbeuses humides, est parfois appelée « caminet ».

*Page 155.* Strette
*Engführung*

1. Daté de janvier 1958. *Strette* (de l'italien *stretta*) : partie terminale d'une fugue, dans laquelle les entrées de sujet et réponse sont de plus en plus rapprochées. Le terme allemand exprime directement et comme « physiquement » ce processus de resserrement progressif contrôlé. Voir l'essai de Peter Szondi in *Poésies et poétiques de la modernité*, édité par Mayotte Bollack, PUL, Lille, 1981. Tout ce poème, dont Celan voulait qu'il commence en milieu de page, est lié au film d'Alain Resnais *Nuit et brouillard* (1955).

2. *Verbracht*, avec ce régime, est un terme administratif qui désigne le placement d'office dans un lieu, avec une connotation plus concrète que l'équivalent français « placé » (genre dont font partie la déportation, l'assignation à résidence, etc.).

3. *Auseinandergeschrieben* suggère une intervention sur le graphe qui décale et disjoint les différentes lettres. Mais d'autres lectures sont suggérées, notamment celle d'une écriture qui produit le désassemblage des images vues. Quelques mois auparavant, Celan avait traduit (ré-écrit...), pour la version allemande du film, le texte de Jean Cayrol, qui commente le film d'Alain Resnais.

4. *Lagen* connote *das Lager* (le camp).

5. *Ticken* désigne la production d'un bruit sec régulier (celui de l'horloge ou de la montre par exemple : faire tic-tac) ou un geste qui le produit.

6. Citation de Démocrite.

7. *Gestillt* : connote l'allaitement, le rassasiement, mais aussi le silence « objectif » par opposition au silence mutique subjectif que désigne *Schweigen*.

8. *Anschiessen* : ce verbe suggère un mouvement massif et rapide, généralement bruyant : des véhicules, des eaux soudain libérées. Il désigne aussi la formation rapide d'un cristal.

9. *Meßtisch* : planchette topométrique des géomètres, montée sur rotule, qui sert à l'établissement des cartes. Entre l'évocation de l'ombre des bombardiers (Hiroshima) et celle des camps d'extermination, le terme connote les technologies de l'inhumain.

10. *Die Eulenflucht* : littéralement la fuite et l'envol des chouettes (oiseaux de Minerve...) au crépuscule. Le régime *in* (dans) n'est pas courant avec ce terme, qui désigne la tombée du soir.

11. *Der Aussatz*, *der Aussätzige* désigne la lèpre, la maladie de ceux qui sont mis à l'écart de la société. Le terme anticipe ici le sens géologico-moral de *Verwerfung*.

## LA ROSE DE PERSONNE
## *DIE NIEMANDSROSE*

Première publication chez Fischer à Francfort-sur-le-Main, en 1963. Le recueil contient des poèmes écrits entre 1959 et 1963. Il est dédié à la mémoire d'Ossip Mandelstam, dont Celan avait traduit les poèmes en 1959 (ils furent publiés en 1963).

*Page 173.* Tant d'astres...
*Soviel Gestirne...*

1. Tout ce passage, notamment le vers 14, fait référence au roman de Jean-Paul, *Der Komet. Galaktischer Weg* connote *Milchstrasse*, la Voix lactée.

2. Allusion, sans doute, au poème de Nelly Sachs, *Die Stunde zu Endor*. Du 13 au 17 juin 1960, Nelly Sachs avait rendu visite aux Celan à Paris.

3. *Nächte-Last* consonne avec Nelly Sachs...

4. Dans la dernière « Grave digression » de *Der Komet*, Jean-Paul s'ébahit des conséquences des travaux de Herschel : que nous percevions aujourd'hui des étoiles éteintes depuis longtemps.

5. Sur l'une des chemises du dossier *Rose de personne*, Celan note le même jour : « 19 juin : Par moments / (dater tous les poèmes) ».

*Page 177.* À l'une et l'autre main...
*Zu beiden Händen...*

1. Daté du 1er juillet 1960. Première version du premier vers : *Zur linken Hand*, à main gauche.

*Page 181.* Psaume
*Psalm*

1. Daté du 5 janvier 1961.

2. *Lehm* désigne ici l'argile. Victor Hugo fait « pétrir » le limon « par l'être ineffable », mais du point de vue géologique standard, le limon n'est pas « plastique ».

3. *Griffel*, littéralement le style (partie centrale allongée du pistil et du carpelle, entre ovaire et stigmate), connote aussi la pointe qui sert à écrire sur les ardoises, l'écriture.

4. *Staubfaden* : littéralement le filet (partie mince) de l'étamine (équivalent masculin du pistil, en allemand *Staubblatt*).

5. *Wüst* connote l'aridité des paysages abandonnés, mais aussi un désordre dans l'organisation des formes (la tignasse des cheveux mal peignés), une absence de contrôle, la grossièreté, la laideur et la rage destructrice.

*Page 183.* Chymique
*Chymisch*

1. Dactylogramme daté du 31 janvier 1961. *Chymisch* est une graphie atypique, archaïque, de *chimisch*, chimique. En français médical (Celan a commencé des études de médecine à Tours en 1938-1939), le chyme (de *chymos*, humeur) est la bouillie que forme la masse alimentaire au moment où elle passe dans l'intestin après avoir subi l'action de la salive et du suc gastrique. La graphie chymie, archaïque pour chimie, connote aussi l'alchimie médiévale (voir Rimbaud : *Alchimie du verbe*, Yeats : *La Rose chymique*, Rilke : *Der Alchimist*...

2. *Schweigen* : silence au sens subjectif, mutisme.

3. *Aufgebissen* : ouvert d'un coup de dent, mordu à cœur...

4. *Dünn* signifie à la fois mince (comme un fil) et maigre, léger, peu dense (comme un liquide).

5. *König-liche* n'est pas seulement l'adjectif construit par suffixation de *-lich*, mais connote aussi *die Leiche* (vieil allemand *lîche*, le cadavre).

*Page 187.* Ce n'est plus...
*Es ist nicht mehr...*

1. Écrit entre le 8 avril et le 7 mai 1961. La lourdeur connote, outre la pesanteur et le poids physiques, l'état psychique dit *Schwermut*, proche du spleen baudelairien.

*Page 189.* Radix, Matrix
*Radix, Matrix*

1. Dans *Die Niemandsrose*, ce poème succède au précédent. Le premier manuscrit le date du 11 mai 1961. Mais la genèse du texte définitif semble avoir été longue. Le 18 avril 1962, Celan remplace le titre par *Hinterm Licht* (Derrière la lumière), puis revient au premier intitulé.

2. La violence du terme, et la variante *zugelogene*, qui évoque un mensonge, suggèrent de comprendre ce terme comme une allusion à l'antisémitisme. La sœur ici est Nelly Sachs.

3. *Aber* est à la fois un privatif (comme dans *Aberwitz* : absence de sagesse, folie) et un itératif (comme dans *abermalig* : qui se reproduit plusieurs fois). Nelly Sachs, qui semble être ici l'interlocutrice du poème, est appelée dans *Zürich, Zum Storchen* : *Aber-Du*..., à la fois contraire, voire absence, et redoublement du Tu, comme dans le mot *contre-ut*.

4. *Geschlecht* signifie à la fois sexe et race ou lignée (des juifs, des poètes).

5. Voir la prophétie d'Isaïe, chapitre 11.

6. Voir la lettre à Nelly Sachs du 19 août 1960 : les mains sont celles des poèmes, Celan invite Nelly Sachs à prendre aussi les « mains » de Celan et d'autres poètes. La relation de Paul Celan avec la poétesse Nelly Sachs (1891-1970), qui vivait en Suède depuis 1940, a duré du printemps 1954 à la fin de l'année 1969. Elle a donné lieu à une importante correspondance (*Paul Celan-Nelly Sachs*, *Briefwechsel*, éd. par Barbara Wiedemann, Suhrkamp, Francfort-sur-le-Main, 1993).

7. *Fruchtboden* : terme de botanique désignant littéralement la « base » ou le « fond » du fruit, qui ici bée comme un abîme sans fond. Le terme savant est *réceptacle*.

8. *Hinab* est une particule verbale désignant le mouvement de chute vers le bas (dans l'abîme ouvert). Les derniers mots le « redressent » en mouvement ascendant des pétales.

*Page 193.* Mandorle
*Mandorla*

1. 23 mai 1961 (date mentionnée sur deux manuscrits). Du latin « amandula », amande : auréole en forme d'amande dont les artistes entouraient la figure du Christ, de Marie, des saints, etc. Celan connaissait celle de la chapelle de Berzé-la-ville en Bourgogne. L'amande est, entre autres significations, la forme de l'œil du juif. En hébreu, l'équivalent de *Mandelbaum* (l'amandier) signifie « celui qui veille, le vigilant ». L'amertume de l'amande connote aussi la mémoire des morts. On notera la parenté avec Mandelstam (parfois écrit par Celan Mandelstamm, pour souligner celle-ci).

2. *Stehen* connote la résistance de ce qui reste debout, ne cède pas, demeure. Celan aimait la formule : « Je maintiendrai ! » Tout le poème doit se lire comme une variation (intraduisible) sur le verbe *stehen*, organisée autour de ce noyau de sens.

3. Il s'agit des *payess* (ou *peyess*), de l'enfant, des boucles temporales qu'on ne coupe pas (portées par les *hassidim*).

*Page 195.* Sibérien
*Sibirisch*

1. Écrit entre le 22 avril et le 5 mai 1961. Le poème résulte de la fusion de deux textes intitulés *Musée Cernuschi* et *Jakutisch* (Yacoute). Le musée Cernuschi exposait de l'art asiatique. Mandelstam (mort en 1938 près de Vladivostok) avait été déporté en Sibérie. *Sibirisch* connote aussi la langue des bannis, des isolés.

2. Voir *Les Rites de chasse chez les peuples sibériens* d'Évelyne Lot-Falck, ouvrage que possédait Celan. Il s'agit des formules rituelles prononcées pour favoriser la chasse.

3. Un visage : donc aussi un regard (*Gesicht* désigne aussi la vision comme sens).

4. La bouche : la fente du grelot.

5. Plusieurs locutions associent en allemand la pierre et le

cœur. « J'ai une pierre qui me tombe du cœur, tu m'enlèves une pierre du cœur » signifie qu'on est délivré d'un poids, soulagé d'un souci. Certains oursins fossiles sont aussi appelés *calculus cordis*, à cause de leur forme. D'une manière générale la pierre connote chez Celan le langage, une concrétion de sens comprimé, dure, résistante, douloureuse, etc.

6. *Ansetzen* désigne la production par un organisme d'une substance quelconque (graisses, humeurs diverses, etc.).

7. *Schuttflur* est un terme de géologie. On parle aussi d'un sol de « casses ».

8. Le nom scientifique de *die Segge* est *carex*, herbe dure et résistante qui sert parfois à fixer les dunes. Le terme connote la « mer de roseaux » que les juifs traversèrent pour fuir les Égyptiens.

9. Route du Bronze : l'expression connote la Voie Lactée (*Milchstrasse*), mais surtout l'axe commercial historique qui relie l'Europe et l'Orient méditerranéen.

10. *Reden* (voir le *Dialogue dans la montagne*) désigne une parole vivante dialogique active, *hic et nunc*, *a fortiori* suivi de *zu* (en direction de...), par opposition à *sprechen*, qui désigne la parole savante, figée, « objective », abstraite, etc.

11. *Abhäuten* désigne exclusivement l'écorchage des animaux, mais suggère peut-être ici aussi, outre la blessure vive, la circoncision (prépuce se dit *Vorhaut*).

*Page 199.* Anabase
*Anabasis*

1. Le premier manuscrit est daté de « Kermorvan, 27.7.1961 ». *Anabase* relie ce lieu de vacances familiales en Bretagne à la mer Noire qu'atteignent les Grecs dans l'*Anabase* de Xénophon. La référence à l'*Anabase* de Saint-John-Perse (1924) ajoute à cet apparentement la dimension poétologique de la conquête.

2. *Anabaino* signifie en grec : monter (depuis la mer jusque dans les terres) mais aussi embarquer, ou monter en selle.

Celan avait acquis une traduction allemande de l'*Anabase* de Xénophon à Paris en 1955.

3. Au retour, les Grecs retrouvent la mer (et crient le célèbre : « *Thalassa ! Thalassa !* »).

4. C'est le double mouvement (et non l'avenir...) qui est incommode et vrai, et qui est inscrit entre les murs.

5. Il s'agit des « bouées à dépression » dans lesquelles le mouvement de l'eau déclenche des phases sonores.

6. *Leuchtglockentöne* (littéralement « sons de cloche lumineuse ») connote synthétiquement les divers types de bouées à cloche et lumineuses (photophores) dont sont équipés les chenaux.

7. Citation du motet de Mozart *Exsultate, jubilate* (Köchel 158a). *Tu virginum corona, / tu nobis pacem dona, / tu consolare affectus, / unde suspirat cor.* — *Suspirare* : souffler vers le haut, mais aussi soupirer.

8. La traduction ne peut reproduire la symétrie « respiratoire » de *ausgelöst* (*aus-* : mouvement de sortie et dégagement) et *eingelöst* (*ein-* : mouvement de rentrée ou retour).

9. *Mitsammen* : forme régionale (autrichienne) de *zusammen*, qui renforce la dimension communautaire.

*Page 203.* Le Menhir
*Le Menhir*

1. Repris dans un registre sous le titre « Le menhir de St-Renan ». Dernière version le 4 août 1961 (pendant le séjour à Trébabu, Finistère).

2. Men-hir en celtique signifie « pierre haute ». La couleur grise connote le gris celanien en général, et en particulier le souci des morts qui rend humain, auquel renvoie aussi le geste anthropologique du culte des morts dans différentes religions. La pierre, ni flore, ni faune, nous est semblable en ce que nous ne sommes ni flore, ni faune, mais spiritualité : profondeur, hauteur, géologie, histoire. Elle est à la fois le silence qui sert de repère à la parole et parole potentielle, poème.

3. De nombreuses variétés de bruyère commune sont blanches (*erica arborea*, *alba elata*). Il existe aussi une bruyère peu fleurie dite « camarine noire » (*empetrum nigrum*).

4. *Verkebst*, forme verbale construite sur *die Kebse*, la concubine. Au sens strict, le terme signifie « répudier ». Il peut s'agir cependant d'une reconstruction « positive » connotant une liaison « illégitime » à laquelle le cœur, ici, renonce.

5. Moulin de mer : terme de géologie désignant l'action d'un courant karstique emprisonné dans un conduit, qui aspire par effet de succion l'eau de mer qui se précipite dans un puits.

6. Phalène : grand papillon de nuit aux ailes délicates. La désignation commune est : *Nachtfalter*.

7. Les phylactères sont les lanières de cuir sombre que l'on enroule autour du front et du bras gauche pour la prière du matin, dans la religion juive traditionnelle. Y sont attachées les capsules qui contiennent les petits rouleaux de parchemin. Étymologiquement, *phylax* désigne la protection, le gardien.

8. Gousses : les cosses noires du genêt peuvent être appelées « capsules », terme qui fait écho d'une part à la petite boîte carrée fixée sur les phylactères, mais aussi à l'un des sens de *Kebse* (capsule) au vers 9.

*Page 205.* Poussé dehors sous une couronne…
*Hinausgekrönt…*

1. 3 juillet 1962. Un temps intitulé : *Pariser Elegie*. Les deux verbes commençant par *hinaus* désignent deux procédures d'expulsion apparemment contraires.

2. Chevelure de Bérénice : constellation de l'hémisphère Boréal entre le Bouvier et le Lion : étoiles peu brillantes de magnitude 4 à 6. Callimaque et Catulle évoquent le sacrifice que la reine égyptienne, Bérénice II, fit à Aphrodite de sa chevelure pour obtenir le retour de son époux…

3. Le verbe *zerflechten* n'existe pas en allemand. La sonorité connote une opération destructrice quasi violente. Cette répétition évoque peut-être le célèbre *wir weben und weben* du *Chant des Tisserands* de Heinrich Heine (1844).

4. L'expression « pousser l'or » (voir *Hafen*, p. 248), qui désigne le travail de repoussage du métal, connote chez Celan l'acte sexuel. L'or est aussi la semence.

5. *Mensch*, terme générique, qui désigne en allemand aussi bien l'homme que la femme.

6. Nom russe de *La Varsovienne*, chant révolutionnaire polonais (1879) passé en Russie en 1905, ici associé au soulèvement du ghetto de Varsovie en 1943. Varsovie est aussi la ville natale de Mandelstam, poète exilé, comme Pétrarque, « couronné-craché », mort déporté en Sibérie en 1938.

7. Selon Ilya Ehrenbourg, Mandelstam récitait (résistait), dans son camp, des vers de Pétrarque.

*Page 209.* La Syllabe *Schmerz*
*Die Silbe Schmerz*

1. 19 septembre 1962. Le titre allemand joue sur le monosyllabisme de *Schmerz*, qui signifie « douleur ».

2. Colomb avait les yeux bleus... Ici, le colchique (*Herbstzeitlose* ou *Zeitlose*) connote la Colchide, qui est en quelque sorte l'Inde miraculeuse des Argonautes. La tradition, notamment Hölderlin, compare Colomb et Jason. Le voyage de Colomb aboutit aussi à l'automne et, de surcroît, Colomb prend son temps, ignore le temps qui passe (contrairement à ses marins). Voir ci-dessous n. 18 de la p. 219.

3. Le navire-amiral de Colomb a été appelé (après coup...) *Santa-Maria* et le colchique est associé dans la tradition religieuse à Marie.

4. Reprise, peut-être, du *amen* dans le poème de Nelly Sachs *In der Flucht* avec lequel *Die Silbe Schmerz* semble être en dialogue.

5. *Fastnacht* (littéralement : veille — festive — de la période de carême) connote la « nuit » suggérée dans les vers suivants. Le terme peut être compris, en lecture « étymologique », comme désignant au contraire la nuit du jeûne (*fasten*).

6. Celan décompose *buchstabieren* en *Buch* (le livre, mais aussi

le hêtre, *die Buche* de Buchenwald et du *Buchenland*, Bucovine) et *stabieren*, construit sur *Stab* : le trait gravé dans les tablettes de bois runiques. L'écriture est ainsi associée à la douleur (*Schmerz* dans le titre, non repris dans le poème).

*Page 213.* Et avec le livre de Tarussa
*Und mit dem Buch aus Tarussa*

1. Moisville (dans l'Eure), 20 septembre 1962. D'abord intitulé *Rapport de septembre, vers le lointain*, puis *Lettre, vers l'est.* Tarussa est une petite ville au sud-ouest de Moscou, où les artistes aiment à séjourner l'été. Le livre de Tarussa peut être la poésie de Tsvetaieva, dont les parents possédaient une résidence à Tarussa. Les *Tarusskie stranicy* (Feuilles de Tarussa) sont un recueil de textes d'auteurs longtemps interdits en URSS avant le dégel du début des années 1960.

2. D'abord prévu pour *Hinausgekrönt*, cet exergue, qui signifie : « Tous les poètes sont des juifs », est une citation transformée du poème *Dehors !* dans le recueil *Poème de la fin.* жиды est le terme « péjoratif » pour désigner les juifs en russe, l'équivalent de *Jud* en allemand. La désignation normale est *evrei* (comme en italien). Paul Celan avait le projet de traduire la poésie de Tsvetaïeva.

3. Sans doute constellation du *Canis major* (l'un des deux chiens du chasseur Orion). Cette constellation est signalée comme l'une des plus claires. Celan avait reçu et lu peu auparavant le livre de Constantin Paoutovski, *L'Incursion dans le sud*, dans lequel il note un passage sur cette constellation « qui guide le pèlerin vers la tombe du prophète… ».

4. Sirius, l'étoile la plus claire du ciel, dans la constellation du Grand Chien, flanquée d'une « naine blanche » de faible intensité (diverticule). Son apparition annonçant les périodes de grande chaleur a fondé la notion de canicule.

5. Bâton de Jacob, nom donné au Baudrier d'Orion, trois étoiles alignées dans la constellation situées entre Bételgeuse et Rigel. Ces trois étoiles se trouvent dans l'hémisphère céleste

sud, à proximité de l'équateur, qui sépare aussi *Canis minor* au nord et *Canis major* au sud.

6. Dans l'opposition entre étranger et proche, la proximité est mesurée à l'aune du textile tissé.

7. *Vorüber-* peut avoir le sens négatif de *vorbei* (passer : mourir).

8. Celan mêle ici des termes non constitués lexicalement (« demi-son ») et des termes « techniques » de linguistique descriptive : *Ablaut* désigne le phénomène de mutation vocalique dans un radical, déclinant les différents temps d'un verbe (apophonie des verbes dits « irréguliers »). *Auslaut* désigne le son ultime d'un mot ou d'un énoncé, d'où la transition suivante sur la notion de rime. Scythe connote, outre un pays et une histoire, le groupe de poètes favorables à la Révolution d'Octobre (parmi lesquels Alexandre Blok et Iessenine). Tsvetaieva avait écrit un texte intitulé *Scythes*.

9. *Schläfe* (la tempe) connote *der Schlaf*, le sommeil.

10. *Verschlagen* signifie aussi perdre une page dans un livre où elle avait été repérée. C'est le sens principal (battre, chasser dans un lieu) qui fonde le sens figuré « rendu intelligent, roué, par l'expérience ».

11. Évocation parodique, sans doute, du *Weltinnenraum* de Rilke. Le poème de Marina Tsvetaieva joue sur des rimes intérieures…

12. Le même radical russe *nem-* sert à former le mot qui veut dire « allemand » (*nemeckij*) et le mot qui veut dire « muet » (*nemoj*).

13. Allusion aux traductions (*Über-setzer*) du russe.

14. Celan avait reçu une lettre d'Erich Einhorn (voir n. 3 p. 115) lui annonçant son désir de passer des vacances en Colchide, et une carte de Nadège Mandelstam postée de Tarussa, qui disait grand bien de ses traductions du poète.

15. *Haufen* connote *Sternhaufen* : amas d'étoiles, nébuleuse.

16. Voir ci-dessus, n. 5. *Stab* connote aussi l'écriture (*Buchstabe*) et la poésie (*Stabreim* : rime allitérante initiale dans la poésie du haut Moyen Âge). Le bâton de Jacob est aussi un instrument topographique.

17. *Table* : titre d'un recueil de Marina Tsvetaieva.

18. Colchide : pays situé entre la rive orientale de la mer Noire et le Caucase. Patrie de Médée, objectif des Argonautes, sur un méridien qui passe à Tarussa... *Kolchis* désigne aussi le colchique, fleur de « fin d'été », quand apparaît la constellation d'Orion à l'horizon. Celan avait traduit le poème d'Apollinaire *Les Colchiques* en 1958. Sur les colchiques, on peut lire aussi l'article de Claude Lévi-Strauss : « Une petite énigme mythico-littéraire », in *Le Temps de la réflexion*, Gallimard, Paris, 1980.

*Page 221.* En l'air, là-haut...
*In der Luft...*

1. Les manuscrits ne sont pas datés. Ce poème suit le précédent dans le recueil *Die Niemandsrose*, et achève le recueil. L'arbre de la Kabbale pousse à l'envers, du haut vers le bas.

2. *Verbannt* connote, outre l'exil, le mouvement des astres non fixes (planètes, lunes, comètes) dans des sphères d'influence, d'attraction (*Bannkreis*). On notera le « jeu » *verbannt-verbrannt* (proscrit, exilé-brûlé).

3. La Chanson du Hanneton : comptine qui évoque la mort des parents, le pays qui n'existe plus : Poméranie ou Bucovine, à l'Est.

4. *Hellblütig* peut se lire comme signifiant « de sang clair ».

5. *Ihm* peut aussi bien se rapporter à la chanson (*Maikäferlied*) qu'à l'exilé qui marche.

6. *Bannstrahl* est un synonyme archaïque de *Bannfluch* (sentence de bannissement).

7. *Untiefe* peut désigner aussi bien une « non-profondeur », une zone peu profonde, qu'une très grande profondeur. Celan associe ici plusieurs termes de géologie descriptive très précis : *Untiefe* : haut-fond, *Schwelle* : seuil ou barre, bombement, *Damm* : levée, digue, et *Furt*, souvent associé à *Untiefe* et *Schwelle* : gué ou « maigre ».

8. *Sternzeit*, le temps stellaire, connote ici l'étoile juive et l'époque de la Destruction : le temps qu'il faut pour que le

centre d'un astre repasse au méridien de la sphère céleste. Le jour sidéral est plus court d'environ quatre minutes que le jour solaire moyen, lequel est ainsi « en retard ». Le dictionnaire d'astronomie que possédait Paul Celan précise que le jour stellaire (*Sterntag*) est légèrement plus court lui aussi que le jour sidéral (*siderischer Tag*). Il y a un temps stellaire moyen et un temps stellaire vrai. L'angle horaire du point de printemps (hauteur du centre du soleil le 21 mars) est le temps stellaire.

## RENVERSE DU SOUFFLE
## *ATEMWENDE*

*Die Wende* désigne toute espèce de changement radical de direction, en particulier l'inversion ou le renversement complet de la direction initiale. D'où l'emploi de ce terme dans le registre politique pour caractériser une sorte de révolution. Le terme est fortement utilisé dans le domaine sportif pour désigner les retournements (ou virages) à 180° : en gymnastique, natation notamment. *Atemwende* désigne dans la respiration le moment où l'inspiration se renverse en expiration, et inversement. Il y a aussi une « renverse » des courants côtiers au moment de la « renverse » des marées (en anglais : *turn*). Le mot français « tournant » ne correspond à *Wende* que pour les sens métaphoriques (tournant du siècle, c'est un tournant dans sa vie, etc.) et suggère un changement de direction moins complet et « décisif », sans retournement.

Le recueil *Atemwende* est paru en 1967 chez Suhrkamp à Francfort. Il contient des textes remontant à 1963. La première partie du recueil (qui en comporte six, dont la dernière est constituée d'un seul et bref poème : *Einmal*) est parue sous le titre *Atemkristall*, à l'automne 1965, dans une édition limitée illustrée par des gravures de Gisèle Celan-Lestrange.

*Page 227.* Tu peux...
*Du darfst...*

1. Manuscrit daté du 16 octobre 1963. Tous les poèmes suivants, qui composent l'ensemble *Atemkristall*, ont été écrits dans une période relativement brève. Le texte de cette première version est assez différent. Vers 3 et 4 : « je vins avec sept feuilles du septuple tronc ». *Getrost* (sans t'en faire, tranquillement, en confiance, rassuré) est ajouté dans un troisième temps.

2. La neige connote l'hiver, la non-brûlure et cependant la mort. Le dernier poème du cycle *Atemkristall* évoque aussi les tables d'hôte dans la neige et la glace. *Bewirten* connote l'hospitalité de celui qui offre à boire et à manger.

3. Voir le poème de Matthias Claudius (1740-1815) : *Wann wir schreiten seit an seit.*

4. *Maulbeerbaum* : il s'agit bien d'un arbre (les « mûres » des confitures du même nom sont les fruits d'une ronce, et ressemblent seulement aux fruits de l'arbre dit « mûrier blanc » — planté et cultivé pour la culture du ver à soie — ou « mûrier noir »). Le mûrier peut atteindre quinze mètres de haut et vivre plus de cent ans. Le tronc noueux est très décoratif et souvent structuré en candélabre. Le fruit du mûrier blanc est fade et peu comestible. Celui du mûrier noir a plus de goût. *Schulter* (épaule) peut connoter Paul, mais aussi *Schuld* (la faute). Celan avait planté trois mûriers (symboles de la vie de chacun des membres de sa famille) dans le jardin de sa maison de Moisville. L'arbre qui marche évoque Orphée. *Maul* en allemand désigne aussi « la gueule », cependant que *Beerbaum* est aussi un patronyme. De la même façon, *Blatt* peut être pris au sens propre de feuille sur laquelle on écrit. *Maulbeerbaum* pourrait ainsi connoter le travail poétique (le mûrier est aussi utilisé en papeterie).

5. Au sens de dernier-né.

*Page 229.* Dans les fleuves...
*In den Flüssen...*

1. Manuscrit daté du 16 octobre 1963. Celui qui, ici, lance le filet se trouve dans les fleuves (*in* régit un datif).

2. Le nord connote les Hyperboréens dont parle Nietzsche au début de *L'Antéchrist*. Les premières mythologies situent au nord le royaume des morts (des Ombres). Voir aussi le poème de Michaux *Icebergs* (*La nuit remue*).

3. Au passé (j'ai lancé) dans le manuscrit et dans *Atemkristall* (ce qui accentue le contraste avec « futur »).

4. La pierre connote la parole, le « dit ». C'est aussi la pierre, le caillou posé sur la sépulture du mort. Le lestage du filet est également un geste technique.

*Page 231.* Les Nombres...
*Die Zahlen...*

1. 18 octobre 1963. — *Die Zahlen* signifie les nombres (les désignations de quantités numériques) et *zahlreich* signifie « nombreux », mais le terme est également assez proche de ce que le français désigne par chiffre (alors que l'allemand *Ziffer* ou *Zahlzeichen* est d'emploi spécifique et restreint).

2. *Verhängnis* désigne la menace d'un destin funeste suspendue au-dessus de quelqu'un, mais connote aussi la posture de ce qui est suspendu et masque la lumière ou la vue. L'image, en particulier, est « suspendue » : elle peut être masquée mais aussi masquer elle-même autre chose.

*Page 233.* Rester là, tenir...
*Stehen...*

1. 11 novembre 1963. — Poème lié aux traductions des sonnets 81, 79 et 106 de Shakespeare.

2. *Wundenmal* est une forme non lexicalisée de *Wundmal*, qui désigne la cicatrice et connaît un usage religieux (les stigmates

du Christ). Outre cette variation (qu'on peut lire aussi comme signifiant la cicatrice unique laissée par des blessures multiples), la traduction « stigmate » créerait une confusion avec le sens botanique de ce terme, souvent sollicité par Celan.

3. *Stehen für* connote le soutien, la prise de parti. *Stehen* a presque le sens de tenir bon, résister (*Widerstand*), faire face, rester debout avec constance, ne pas tomber (malgré Auschwitz, mais aussi malgré la solitude poétique, professionnelle, actuelle).

*Page 235.* Soleils-filaments...
*Fadensonnen...*

1. Dactylogramme du 27 novembre 1963. Une seule variante : un tiret sépare *Faden* de *Sonnen*. Ce mot composé n'existe pas dans le lexique. Un instrument de repérage est nommé *Faden-Sonnenzeiger* (gnomon filaire). Dans son exemplaire de *La Loge invisible* de Jean-Paul, Celan a souligné le mot *Fadensommer*, qui désigne les « fils de la vierge ». *Fadensonnen* est aussi le titre d'un recueil entier paru en 1968. — *Lichtton* peut aussi renvoyer à des expériences de construction d'orgue optique. Aujourd'hui le terme désigne le son optique, au cinéma, par opposition au procédé du son magnétique.

*Page 237.* Remblaiement verbal...
*Wortaufschüttung...*

1. Manuscrit du 24 décembre 1963. — *Aufschüttung* désigne un phénomène géologique, nommé « remblaiement » ou « alluvionnement », au terme duquel une élévation (terrasse, remblai) se constitue par dépôt. *Aufschütten* signifie déverser, en général, quelque chose sur quelque chose. « Volcanique », peu après, infléchit le sens technique du terme : s'il s'agit ici, entre autres, d'un poème poétologique, *Wortaufschüttung* désigne le travail poétique loin de la rumeur d'en haut, *vulkanisch* précisant que ce travail « en profondeur » et dans l'axe vertical n'est pas simple dépôt passif de sédiments, du haut vers le bas.

2. « Contre-rois » ou « Anti-rois », dans la première version, où cette racaille polluait la surface de l'eau avec ses copiages et imitations. Dans la dernière version, « roi » est réservé à la figure positive, couronnée de vérité.

3. *Zeithin* peut signifier à la fois cap sur le temps et poussé par le temps.

*Page 239.* Décapé…
*Weggebeizt…*

1. Le manuscrit et le dactylogramme de la première version sont datés du 30 décembre 1963. Ce poème achève le cycle *Atemkristall*. Il est séparé du précédent (*Wortaufschüttung*) par un quatrain rimé :

> *Je te connais, tu es la penchée bas,*
> *Et moi, le transpercé, te suis assujetti.*
> *Où flamberait un mot témoignant pour nous deux ?*
> *Toi : réel, tout entière — Moi : tout entier, folie.*

*Beizen* est un verbe technique qui désigne l'application d'une substance chimique, soit pour la teinture en profondeur du bois ou des textiles, soit au contraire pour le décapage (le « mordant », autre nom de l'« eau-forte ») des surfaces métalliques (*eine Beize*). La première édition du cycle *Atemkristall* était illustrée avec une série d'eaux-fortes de Gisèle Celan-Lestrange, dont certaines, au demeurant, évoquent les coupes de cristaux des glaciologues. L'eau-forte s'oppose aux productions coloriées (aux images peintes).

2. *Anerlebt* : ce néologisme connote l'appropriation du vécu (une certaine poésie personnelle).

3. Un feuillet rapproché du manuscrit comporte la remarque *Die Zeit und ihre Mein- und Mein- und Meingedichte* (Le temps et ses mien- et mien- et mien-poèmes). *Mein* est le possessif de la première personne, mais aussi le radical de *meinen* : penser que, avoir l'opinion personnelle que… Hegel rapproche déjà (dans

la *Phénoménologie de l'Esprit*) ce niveau de pensée (faible) et la singularité narcissique de la première personne.

4. Littéralement : aux cent langues. *Fama*, la Renommée, la Rumeur (qui peut être plurilingue) est la « déesse aux cent bouches ».

5. Celan joue sur l'homophonie forte de *Gedicht* et *Genicht*. Ce dernier mot (composé du préfixe « *Ge-* » et de l'adverbe négatif *nicht*) ne veut rien dire que Rien sous les espèces substantielles du « quelque chose » ou de la pure et simple « entité » (proche en cela du « machin »). On peut signaler que « rien » en roumain se dit *tchi*, qui a donné « Que tchi » en argot, au sens de « rien du tout ! ». Que tchi anagramme « Gedicht... »

6. Pénitents : nom donné dans les Andes et les zones chaudes à certains névés transformés par l'insolation rapide et différentielle en cônes allongés et irréguliers de un à deux mètres de hauteur, qui ont des formes de cagoule de pénitent blanc.

7. Les tables de glacier peuvent être des reliefs tabulaires dégagés par l'érosion non-glaciaire, dans les moraines par exemple, ou des tables formées par un plateau de roche dont l'ombre empêche un temps la fonte du pilier de glace qui le soutient. Il n'y a pas à proprement parler de *Gletscherstuben*, mais des *Wasserstuben*, poches d'eau accumulées au sein du glacier, qui peuvent se vider et dégager des salles de glace. Le front des glaciers comporte également des grottes qui peuvent s'appeler ainsi.

8. Sous l'effet de la compression du glacier, les cristaux de neige se transforment en glace de plus en plus compacte, dont les cristaux peuvent atteindre deux centimètres et prennent la forme de polygones irréguliers de forme alvéolaire. *Waben* connote aussi la ruche, le miel (de l'hospitalité). Au cours de sa transformation, la glace « respire », perd l'air qu'elle contenait.

*Page 241.* Par le grand…

*Vom großen…*

1. Premier poème du deuxième cycle de *Atemwende*. Un dactylogramme est daté du 22 janvier 1964. Édité en 1964 (in : *Auf gespaltenem Pfad. Für Margarete Susman*, éd. par Manfred Schlösser, Darmstadt, 1964) pour le quatre-vingt-dixième anniversaire de Margarete Susman. Margarete Susman, qui avait fait une thèse sur Kafka, dit avoir « découvert » la poésie moderne en lisant Celan. Elle était pratiquement aveugle. On peut songer ici à la Schechina dans la mystique juive, figure féminine qui a perdu ses yeux à force d'avoir pleuré.

2. Les blocs erratiques (*Irrblöcke* ou *Findlinge*) sont des roches de provenance lointaine, charriées par les glaciers, qu'on retrouve dans les moraines terminales, loin de leur origine. Le terme *Findling* s'applique également aux enfants trouvés (Kaspar Hauser est le plus connu).

3. Dans le premier dactylogramme : « aussi longtemps que sur Esther et Myriam ». Esther est souvent rapprochée de la Schechina. On la fête le jour de Pourim, pour commémorer la façon dont elle a sauvé le peuple juif en captivité chez les Perses, menacé d'extermination par Aman, Premier ministre d'Assuérus (Xerxès Ier), dont elle était l'épouse. Le Livre d'Esther est, avec le Cantique des Cantiques, le seul livre de la Bible qui ne mentionne pas une seule fois le nom de Dieu.

*Page 243.* Reste chantable…

*Singbarer Rest…*

1. Deux dactylogrammes, le second daté du 1er janvier 1964. D'abord publié dans *Auf gespaltenem Pfad. Für Margarete Susman*, éd. par Manfred Schlösser, Darmstadt, 1964.

2. Jeu de mot sur *Mund* (bouche) et *Mündig* (majeur) : la lèvre est privée de sa bouche.

*Page 245.* Dans la lanière de prière blanche…
*Am weißen Gebetriemen…*

1. Plusieurs dactylogrammes, le second daté du 5 mars 1964. — Il s'agit des *teffilin* (de *tefillah*, « prière ») ou « phylactères » (voir n. 7 de la p. 203), deux petites boîtes de cuir contenant quatre passages de la Bible que les hommes portent pour la prière du matin en semaine, au bras gauche et sur la tête. Les petits parchemins sont en peau, les textes sont calligraphiés à l'encre noire indélébile. Ces boîtes sont tenues par des lanières dont l'enroulement rituel figure la lettre *dalet* (pour la tête) et *yod* (pour le bras gauche). Ces deux lettres s'ajoutent à la lettre *chin* (sur la boîte) et composent donc l'un des noms de Dieu : *Chaddaï*. Les lanières sont généralement de couleur foncée, voire noires.

2. *Spaltwort* connote et la fissibilité nucléaire (comme multiplication possible vers l'extérieur) et le caractère fendu constaté (du pied, du bois, par exemple).

3. Au sens de « rendu vivant par ».

*Page 249.* Port
*Hafen*

1. Dernier titre de la troisième partie de *Atemwende*. Écrit le 2 août 1964. En juin 1964, Paul Celan avait effectué un voyage en Allemagne, notamment à Hambourg (24 juin 1964). La ville n'est pas nommée ici, sinon par son « antipode » européen Odessa. Les premières versions sont précédées d'une longue liste de termes techniques portuaires, dont certains sont repris dans le poème. Hambourg est la ville d'Allemagne qui a accueilli le plus grand nombre de juifs séfarades après leur expulsion d'Espagne en 1492. Celan était attaché à cette ville. Il y avait rencontré Ingeborg Bachmann en mai 1952.

2. *Wundgeheilt* : sous cette forme verbale ce terme désigne une guérison dont l'agent ou la conséquence est la blessure. L'attributaire peut être masculin et/ou féminin.

3. Dans le manuscrit n° 1 : *-hälser* : celui qui attrape les bouteilles par le cou, les étreint — ou alors, au sens maritime : celui qui vire debout au vent.

4. *Würfeln* signifie à la fois lancer les dés et couper en petits dés.

5. Les versions manuscrites antérieures passent par *Rotschüttlein*, *Rothaar* et *Blauhaar*.

6. « Nager » connote chez Celan l'acte sexuel (voir n. 5 de la p. 63).

7. Première forme dans le manuscrit : *Schwermutkaschemme* : tripots de mélancolie.

8. Littéralement : un non-nom. Le préfixe *Un-* connote aussi la monstruosité ou l'aberration.

9. *Die Laufkatze* est un terme technique assez courant, d'origine métaphorique. Il désigne le palan mobile, ou chariot de treuillage, qui court le long des flèches de grues (lesquelles sont le plus souvent horizontales) et permet de déplacer les axes de levage. Leur mouvement suggère la course d'un plongeur sur un tremplin élevé.

10. Il s'agit de la ligne de flottaison en charge (*deep water line*), qui est en fait le plus haut des repères inscrits sur la coque d'un navire, par opposition à la « ligne lège ».

11. Le verbe *eulenspiegeln* est employé par Goethe au sens de « jouer des tours » dans un passage des *Années de voyage de Wilhelm Meister*, et souligné par Celan dans l'exemplaire qu'il possédait. Il connote à la fois les aventures du populaire joueur de bons tours hollandais Till Eulenspiegel, et les radicaux de ce patronyme : *die Eule*, la chouette, et *Spiegel*, le miroir.

*Page 255.* Paysage...
*Landschaft...*

1. 16 août 1964. — Le poème est « lancé » en quelque sorte par les deux derniers vers, qui en sont la première version. Le manuscrit fait apparaître un horizon « espagnol » avec l'expression *Garotten-spanisch von Rauchmund zu Rauchmund*. Il ne reste

de cet horizon que la demi-coquille des pèlerins de Compostelle et peut-être l'allusion à une exécution. L'État espagnol a utilisé le garrot pour mettre à mort des condamnés jusqu'en 1975 (y compris après la mort de Franco).

2. *Klinker* désigne (par onomatopée) un type de brique vernissée extrêmement dure qui rend au moindre choc un son « clinquant » très caractéristique (il est employé aujourd'hui en français sous cette forme dans les nomenclatures techniques). C'est aussi l'origine d'un autre sens du terme en Allemagne du nord : les billes de terre cuite utilisées dans les jeux d'enfants.

*Page 257.* Le tambour de bateleur…
*Die Gauklertrommel…*

1. Poème daté du 12 octobre 1963, antérieur (de peu) au travail sur le cycle *Atemkristall. Der Gaukler* désigne un artiste de foire, bateleur, acrobate, prestidigitateur, mais est connoté négativement comme art de l'escamotage et du trucage. Ce poème est vraisemblablement adressé à tous ceux qui — dès le début des années 1960 — « singent » la poésie de Celan, et plus particulièrement à l'un d'entre eux, identifiable par l'allusion à Ulysse et aux îles grecques, Erich Arendt (1903-1984), qui avait dédié à Paul Celan le poème *Cimetière juif de Prague* (in *Nuit des Cyclades*, traduction de Marc Petit in *Anthologie bilingue de la poésie allemande*, Paris, Gallimard, Bibliothèque de la Pléiade, 1993, p. 1350 et suiv.). D'où, peut-être, le choix d'insérer ici, immédiatement après *Die Gauklertrommel*, le poème *In Prag*.

2. *Unausspielbar* connote l'univers du jeu, notamment du jeu de cartes. *Ausspielen* signifie jouer une carte, mais aussi, parfois, jouer quelque chose à la place d'autre chose, troquer, truquer…

*Page 259.* À Prague
*In Prag*

1. Dactylogramme daté du 12 octobre 1963. Dans une lettre du 29 avril 1968 à Franz Wurm, Celan écrit : « Vous

savez bien que je suis quelque peu bohémisé, y compris par un séjour de trois ans que ma mère a fait en Bohême — dont un des résultats est, ça ne s'appelle pas des lupins, mais des "haricots de loup", et aussi, voir *In Prag* par un côté (et un autre et un autre encore), je lisais ça récemment dans le journal : la devise de la Bohême est "Léontina la Bohême vaincra" — quel en est le texte au fait, est-ce du tchèque ou du latin ? » La mère de Celan (originaire de Sadagora, patrie du hassidisme) s'était réfugiée en Bohême pendant la Première Guerre mondiale, sa grand-mère paternelle était morte à Brünn. Celan n'est jamais allé à Prague, centre de l'Empire, ville de Rilke et Kafka, ville du Golem, patrie du Rabbi Loew. Dans *Die Niemandsrose*, le poème *Einem, der vor der Tür stand* évoque le Rabbi Loew de Prague. Prague est une ville symbolique de la vieille Europe : son « assemblage » de juifs, Tchèques et Allemands la met en parenté avec Czernowitz.

2. Le Hradschin est le grand château de Prague.

3. *Goldmacher*, en allemand, est synonyme d'« alchimiste ». L'un des lieux les plus célèbres de Prague est la « Ruelle d'or » (*Zlata ulicka*) dans l'enceinte du Hradschin, sur la rive nord de la Moldau. Il s'agissait de la rue des Orfèvres. Les alchimistes qui cherchaient la pierre philosophale pour Rodolphe II se trouvaient en réalité dans l'allée située entre la cathédrale Saint-Guy et la Tour des poudres, où l'empereur avait installé dans un laboratoire plusieurs alchimistes-charlatans, dont le célèbre Edward Kelley, qui prétendait transformer le plomb en or.

4. Les ossements connotent les squelettes des victimes de l'extermination, mais l'os connote également la qualité « consonantique » de la langue hébraïque dont il est question ici.

5. Le sablier, attribut de la mort, figure aussi en coupe le sexe de la femme.

6. Le cadran du pignon nord de l'Hôtel de ville juif, au centre du quartier juif qui borde la Moldau, est écrit en hébreu, et les aiguilles tournent dans le sens inverse du sens ordinaire.

Page 263. Gloire de cendres…
*Aschenglorie…*

1. Dactylogramme du 15 décembre 1964. Le terme allemand *Glorie* désigne, plus spécifiquement que le français « gloire », un artéfact des arts plastiques ou un halo d'éclipse caractérisés par une forte lumière.

2. *Einstmals* (ici en position et graphie de substantif neutre) évoque le passé lointain (la mer Noire, ou *Pontus Euxinus*, qui connote le poète exilé Ovide écrivant les *Tristes* et les *Pontiques*). Cet adverbe perçu comme archaïque peut aussi parfois, conformément à son étymologie, désigner le futur éloigné (un jour, une fois…).

3. Dans ce contexte « pontique », il s'agit sans doute ici des Tatares de Crimée. Mais le terme désigne aussi les Turcs (ou « Turco-Tatares »), dont l'emblème est le croissant de lune.

Page 267. Attaque de violoncelle…
*Cello-Einsatz…*

1. Deux versions primitives de ce poème sont écrites sur les deux faces d'enveloppes de format 12,5 × 15,5. Un dactylogramme du texte quasi définitif (mais qui n'est pas la dernière version) est daté du 24 décembre 1964. Nombreuses variantes. Après les vers 1-2 commençait, sur le premier manuscrit, une partie repoussée au vers 10 dans la version définitive : « Un nuage de sentiment / roule à côté de vous sur le sol, / feuillette / dans la bible russe, toi, / Jérémie, tu laboures / le soir chuchoté… »

Page 271. Frihed
*Frihed*

1. Un manuscrit et de nombreux dactylogrammes (version définitive le 25 décembre 1964). — *Frihed* est le mot danois correspondant à l'allemand *Freiheit* (Liberté). Celan avait visité

le musée de la Résistance de Copenhague (*Museet för Frihedskamp*, dit *Frihedsmuseet*) près de la Citadelle, non loin du monument dit de la Petite Sirène, au début du mois de novembre 1964. Un poème du fonds posthume, non daté (*Welche Stimme hat, was du hast ?*), évoque par ailleurs une grande statue située « derrière la Mairie », appelée *Frihedsstötten*, Statue de la liberté, qui célèbre l'abolition de l'esclavage au Danemark en 1788.

2. *Gedoppelt* est une forme archaïque de *doppelt* (double) qui insiste sur l'opération de doublement ou répétition (recommencement), c'est-à-dire connote une temporalité, une historicité absente du simple « double » (qui peut être le résultat d'une division). Le vers suivant pourrait en être le contenu : l'illusion que des bateaux volent se redouble de celle de bateaux de pierre (allusion au transbordement des juifs du Danemark vers la Suède en 1943, que rappelle un monument de pierre à Jérusalem). Outre l'illusion, *Wahn* connote la folie, le délire (*Wahnsinn*) : la maison à l'illusion redoublée peut être le château d'Elseneur, ou le Danemark tout entier, qui n'est plus la prison d'Hamlet, mais la patrie de la liberté.

3. Une note du premier manuscrit mentionne, avant le texte du poème proprement dit, *Orlog = worte ?* Le vieux mot germanique *Orlog*, qui désigne la guerre en allemand, s'est spécialisé dans les langues scandinaves pour désigner la Marine de guerre ou Marine tout court. Il existe un musée de la Marine royale (*Orlogsmuseet*) à Copenhague, qui est aussi un port militaire.

4. Jeu de mots, semble-t-il, sur *Däne-Mark*. Le féminin personnalisé *Genährte* ne peut se rapporter qu'au fantôme féminin (en allemand *Freiheit*) de *Frihed* (qui en danois est de genre « commun »), notion qui précisément pour ce poème n'existe pas en allemand (alors qu'il existe des centaines d'odes et d'hymnes à la Liberté dans la poésie allemande). Dans cette demeure, ce pays qui non seulement est celui d'Hamlet, mais qui a bravé l'occupant allemand, dont le Roi a menacé de porter l'étoile jaune, qui a sauvé tous ses juifs en les faisant passer par mer vers la Suède, Celan est *dans* la liberté, y compris sur

les étangs où glissent les canards sauvages, et chante là — librement — l'hymne, encore interdit en 1964, de la République espagnole.

5. Dans les premiers états du texte, Celan mentionne le titre du chant qu'il entonne : *El Canto*, *El Canto di Riego*, l'hymne de la République espagnole.

6. Rouge et blanc sont les couleurs, omniprésentes dans la capitale, du Danemark.

7. Outre l'assonance, *Gischt* (l'écume) connote une prononciation régionale de *Geist*, l'esprit. La brique rouge foncé et le vert-de-gris sont les couleurs dominantes des bâtiments de Copenhague, en particulier des églises.

8. Cinglant : au sens de « faire voile ».

9. Allusion possible à la pointe empoisonnée de l'épée du duel, au dernier acte d'*Hamlet*.

*Page 275.* Give the word
*Give the word*

1. Il existe de ce poème plusieurs phases manuscrites, sans doute rédigées entre le 13 et le 15 mai 1965 dans une clinique psychiatrique du Vésinet (service du docteur Leulliet). Le titre anglais est une citation du *Roi Lear* de Shakespeare (acte IV, scène 6). Lear est apparu dans un accoutrement floral qui fait douter de sa raison et demande à Edgar de prononcer le mot de passe (*give the word*). La traduction allemande de Shakespeare par Schlegel, que Celan a utilisée, décline cet impératif au pluriel (puisque Gloster est également présent...) : *Gebt die Parole !*

2. *Ins Hirn gehaun* est la traduction par Schlegel de l'anglais *cut to the brains*, plus précis : « la tête entaillée jusqu'au niveau de la cervelle... ».

3. *Genächtet* : néologisme qui connote l'état dit de *geistige Umnachtung*, c'est-à-dire de folie.

4. *Die Parole* désigne au singulier la formule, le slogan ou mot d'ordre, le mot de passe. Le passage au pluriel *die Parolen* dé-spécialise le sens strict de « mot de passe ».

5. Edgar répond : « Douce marjolaine ». Celan mentionne trois temps de sa vie poétique.

6. Voir le poème de Goethe *Urworte. Orphisch* (vers 6).

7. Dans la traduction de Schlegel, *passiert* est un impératif adressé à Edgar et Gloster. Le mot exprime aussi le participe passé.

8. *Der Aussatz*, qui signifie exclusivement la lèpre, connote indirectement la phrase (*der Satz*).

*Page 279.* Silence des vasières...
*Schlickende...*

1. Plusieurs dactylogrammes, datés du 11 juillet 1965. *Der Schlick* désigne la vase (ou « tangue ») qui s'accumule sur les fonds, en particulier au moment de la marée montante, et qu'on découvre sur le sable à marée basse. *Schlicken* est le verbe appliqué aux eaux qui déposent de la vase. *Schlickende* peut se lire comme signifiant *Schlick-Ende* (fin de l'estran et de la vase).

2. Le premier manuscrit comporte uniquement les deux vers : *mit Brackigem übergossen*, *mündest du ein*. Une variante ultérieure rapporte « arrosé » à « tu ».

3. Le sporange est le réceptacle des spores chez les cryptogames (algues, champignons, mousses, etc.). Il a la forme d'un petit sac ou d'un gousset. Chez les phanérogames, le terme désigne l'organe producteur des spores mâles (loge de l'anthère) et femelles (nucelle de l'ovule).

4. *Keuchen* connote des râles, des gémissements (qui peuvent être de plaisir...) ou la toux (*Keuchhusten* : la coqueluche).

*Page 281.* La déchirure de feu chauffée...
*Der mit Himmeln geheizte...*

1. Plusieurs manuscrits et deux dactylogrammes datés des 15-17 juillet 1965.

2. *Die Schleife* désigne toute espèce de boucle, y compris celle d'une route ou d'un fleuve. Dans ce poème poétologique, le terme connote aussi l'écriture.

PAVOT ET MÉMOIRE

*(MOHN UND GEDÄCHTNIS)*

DE SEUIL EN SEUIL

*(VON SCHWELLE ZU SCHWELLE)*

GRILLE DE PAROLE

*(SPRACHGITTER)*



LA ROSE DE PERSONNE

*(DIE NIEMANDSROSE)*

RENVERSE DU SOUFFLE
*(ATEMWENDE)*

ANNEXES

*Le domaine allemand*
*dans Poésie/Gallimard*

Paul CELAN, *Choix de poèmes* réunis par l'auteur. Préface et traduction de Jean-Pierre Lefebvre. Édition bilingue.

Johann Wolfgang von GOETHE, *Le Divan*. Préface de Claude David. Traduction d'Henri Lichtenberger.

Johann Wolfgang von GOETHE, *Élégie de Marienbad* et autres poèmes. Préface, choix et traduction de Jean Tardieu. Édition bilingue illustrée de dessins de l'auteur.

Heinrich HEINE, *Nouveaux poèmes*. Préface de Gerhard Höhn. Traduction d'Anne-Sophie Astrup et Jean Guégan.

Hugo von HOFMANNSTHAL, *Lettre de Lord Chandos* et autres textes sur la poésie. Préface de Jean-Claude Schneider. Traduction de Jean-Claude Schneider et Albert Kohn.

Friedrich HÖLDERLIN, *Hypérion ou l'Ermite de Grèce*, précédé du *Fragment Thalia*. Préface et traduction de Philippe Jaccottet.

Friedrich HÖLDERLIN, *Odes*, *Élégies*, *Hymnes*. Préface de Jean-François Courtine. Traduction de Michel Deguy, André du Bouchet, François Fédier, Philippe Jaccottet, Gustave Roud et Robert Rovini.

Friedrich NIETZSCHE, *Poèmes. Dithyrambes pour Dionysos*. Préface et traduction nouvelle de Michel Haar.

NOVALIS, *Les Disciples à Saïs*, *Hymnes à la Nuit*, *Chants religieux*. Préface et traduction d'Armel Guerne.

Rainer Maria RILKE, *Élégies de Duino*, *Sonnets à Orphée*. Préface de Gerald Stieg. Traduction nouvelle de Jean-Pierre Lefebvre et Maurice Regnaut. Édition bilingue.

Rainer Maria RILKE, *Lettres à un jeune poète*. Préface et traduction nouvelle de Marc de Launay. Édition bilingue.

Rainer Maria RILKE, *Vergers* suivi d'autres poèmes français : *Les Quatrains valaisans*, *Les Roses*, *Les Fenêtres*, *Tendres impôts à la France*. Préface de Philippe Jaccottet.

Georg TRAKL, *Crépuscule et déclin* suivi de *Sébastien en rêve* et autres poèmes. Préface de Marc Petit. Traduction de Marc Petit et Jean-Claude Schneider.

*Ce volume,*
*le trois cent vingt-sixième de la collection Poésie,*
*a été composé par Interligne et*
*achevé d'imprimer sur les presses*
*de l'imprimerie Bussière à Saint-Amand (Cher),*
*le 5 juin 2001.*
*Dépôt légal : juin 2001.*
*1er dépôt légal dans la collection : novembre 1998.*
*Numéro d'imprimeur : 13493.*

ISBN 2-07-040311-4./Imprimé en France.